レベルアップ！

韓国語表現

金仁姫／金智英

커뮤니케이션

朝日出版社

レベルアップ！韓国語表現 URL
(音声・その他)

https://text.asahipress.com/free/korean/levelupkankokugohyogen/index.html

吹込－李忠均／崔英姫

まえがき

「旅行に行って韓国語で会話したい」「韓国の友達と韓国語でおしゃべりしたい」「韓ドラやアイドルの動画を字幕なしで見たい」…、そういう声をよく聞きます。

韓国語の文字と発音を覚え、基本文法を学び、文型も色々覚えたのに、韓国語で話そうとすると詰まってしまう。そういう悩みをもつ人は多いのではないでしょうか。

より難しい文型を沢山習うと、話せるようになるのでしょうか。語彙力を高めたら、上手くしゃべれるようになるのでしょうか。

もちろん、文型も、単語も大事です。しかし、それより大事なことは、学習した文型や単語を使いこなせているかどうか、です。今、すでに知っている韓国語の知識だけでも、いろいろな会話ができるはずです。

本書は、韓国語の初級レベルの文法を学習した人を対象としています。ヘヨ体や過去形、連体形などを一通り学習したけれど、韓国語で話すことに慣れていない人のために、さまざまな会話練習ができるように作られています。

まず、使用頻度の高い文型を『文法確認』で確認し、使いこなせるようにするために『練習問題』を解きます。次に、『表現学習』のコーナーで、具体的なシチュエーションを思い浮かべながら会話練習を行い、表現内容を身近な状況において理解します。

さらに、聞き取り能力を高めるものとして、学習した表現を中心に構成されている『書き取り』や、文脈を把握するための『聞き取り』の練習があります。そして、各課の最後にある『話してみよう』のコーナーでは、学習した表現をフレームとして会話したり、与えられた話題について会話したりすることができるように構成されています。

最後のページをめくる頃には、韓国語の表現がレベルアップした自分に出会えることと思います。

韓国語を愛し、頑張る皆さんを応援しています。

著者

主な学習内容とその展開

	会話のテーマ	「文法確認」	「文型と表現学習」
1課	空港で	-(으)시 尊敬表現	-(으)세요 -아/어/해 주세요
2課	サークル	-아/어/해서 -(으)니까 -기 때문에	-을/를 잘하다 -거든요
3課	誕生日	-(으)면/-(으)면서 -(으)러/-(으)려고	-(으)ㄹ까요? -기 전에 -(으)면 어때요?
4課	食事のマナー	-아/어/해도 되다 -(으)면 안 되다 -아/어/해야 하다	-아/어/해서 -고
5課	課題	現在連体形 -(으)ㄴ/는 것이다 -(으)ㄴ/는/인 것 같다	-(으)ㄹ래요 -(으)ㄹ게요
6課	旅行計画	未来連体形 -(으)ㄹ 것이다 -(으)ㄹ 것 같다	-(으)ㄹ지도 모르다 -기로 하다
7課	カラオケ	過去連体形 -(으)ㄴ 적이 있다/없다 -(으)ㄴ 지 -되다	후에 -(으)ㄴ 후에(뒤에) -자마자
8課	合コン	-았/었으면 좋겠다 -는 게 좋겠다	-(으)ㄴ/는 편이다
9課	伝統衣装	-(으)ㄹ 수 있다/없다 -(으)ㄹ 줄 알다/모르다	-(으)ㄹ 텐데 -(으)ㄹ 뿐(만) 아니라
10課	引っ越し祝い	-았/었더니 -던	-아/어지다 -게 되다
11課	美味しいお店	-ㄴ/는다고 하다 -다면서요?	-지 말다 -고 말다
12課	帰国	반말 -다고 하던데(-다던데)	-(으)ㄹ 걸 그랬다 -았/었어야 했는데

목 차
目次

제 1 과 그동안 잘 지내셨어요?

ミサさんは留学のために韓国に来ています。海外に行く際に必要な語彙を覚えましょう。

ウォーミングアップ 02

유학	여행	비자	출국	입국
여권	공항	리무진 버스	탑승권	발권

会話 ① 03

현우 : 미사 씨, 여기예요!

미사 : 현우 씨, 오랜만이에요. 그동안 잘 지내셨어요?

현우 : 네. 잘 지냈어요. 미사 씨, 피곤하지 않으세요?

미사 : 아뇨, 그런데 입국 심사에서 시간이 걸렸어요.
　　　많이 기다리셨어요?

현우 : 괜찮아요. 저도 지금 왔어요. 가방 들어 드릴까요?

미사 : 아, 그럼 이것만 들어 주세요. 현우 씨, 선물이에요.

현우 : 와! 고맙습니다!

語彙

☐ 그동안 (その間)　　☐ 지내다 (過ごす)　　☐ 피곤하다 (疲れる)

☐ 입국 심사 (入国審査)　☐ 시간이 걸리다 (時間がかかる)　☐ 기다리다 (待つ)

☐ 들다 (持つ)　　☐ 선물 (お土産)

1

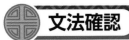

尊敬の表現

> 絶対敬語の韓国語、
> 相対敬語の日本語
> --------
> 韓) 絶対敬語の使用基準
>   ➡ 目上か否か
>   어머니는 회사에 계십니다
> 日) 相対敬語の使用基準
>   ➡ 身内か否か
>   母は会社におります

1. 語尾「-(으)시(〜られる)」を加える場合

●ハムニダ体　-(으)십니다 / -(으)셨습니다

　언제 한국에 오십니까? (いつ韓国に来られますか。)

●ヘヨ体　-(으)세요 / -(으)셨어요

　지난 주에 일본에 가셨어요. (先週、日本に行かれました。)

●指定詞　-(이)십니다, -(이)세요 / -(이)셨습니다, -(이)셨어요

　A : 여보세요?　B : 누구세요? (A：もしもし？　B：どなたですか。)

　할머니는 옛날에 모델이셨어요. (お祖母さんは昔モデルでいらっしゃいました。)

2. 別の語彙を使う場合

●動詞・形容詞

먹다	드시다／잡수시다	마시다	드시다／잡수시다	있다*	계시다
자다	주무시다	말하다	말씀하시다	죽다	돌아가시다

＊「いる」の場合。「ある」は「있으시다」（お有りだ）になる。

●名詞、助詞

나이	연세	사람	분
말	말씀	생일	생신
밥	진지	에게 (한테)	께
이름	성함	이／가	께서
집	댁	은／는	께서는

> 「어떻게 되세요?」
> --------
> 目上の人の私的な事柄について尋ねる時に使用。
>   例) 이름이 뭐예요?
>   ➡ 성함이 어떻게 되세요?
>   취미가 뭐예요?
>   ➡ 취미가 어떻게 되세요?

※謙譲語

　相手を高めて言う尊敬語とは違って、相手に対して自分を下げて言う表現

주다*	드리다	말하다	말씀드리다
묻다	여쭙다／여쭈다	나	저
만나다	뵈다／뵙다	내	제
데리다	모시다	우리	저희

> 뵈다 と 뵙다
> --------
> いずれも「お目にかかる」という意味の謙譲語。後者の方がより謙譲の度合いが高いとされる。

＊「あげる」の場合。「くれる」を意味する場合は尊敬語「주시다」（くださる）と対応する。

✏️ 練習問題

1. 언제 와요? ➡ 언제 오세요? (いつ来られますか。)

1) 이 단어 뜻 알아요? → _____

2) 여기 앉아요. (命令) → _____

3) 할머니가 줬어요. → _____

4) 이 사람이 선생님이에요. → _____

> ※「ㄹ」脱落の確認
> 「ㄹ」パッチムで終わる全ての用言は、後に「ㄴ／ㅂ／ㅅ」で始まる語尾が続くと「ㄹ」が脱落する。
> 例) 살다 ➡ 삽니다
>   만들다 ➡ 만드니까

2. 할아버지가 말해요 ➡ 할아버지께서 말씀하세요. (お祖父様がおっしゃいます。)

1) 어머니는 어디 있어요? → _____

2) 선생님은 학교에 없어요. → _____

3) 할아버지가 먼저 먹어요. → _____

4) 할머니가 줬어요. → _____

> ※挨拶などに使われている尊敬語
> ・안녕히 가세요／계세요
> ・안녕히 주무세요
> ・어서 오세요

3. 내가 말했어요 ➡ 제가 말씀드렸어요 (わたくしが申し上げました。)

1) 선생님한테 물어봤어요. → _____

2) 할머니한테 줬어요. → _____

3) 내가 손님을 데리고 왔어요. → _____

4) 한번 만나고 싶어요. → _____

> ※挨拶などに使われている謙譲語
> ・처음 뵙겠습니다
> ・잘 부탁드립니다

文型と表現学習

1. −(으)세요　〜られます

文脈によって、他に「〜られますか」「〜なさい(ませ)」の、三つの意味があります。

할머니는 보통 7시에 일어나세요.
몇 시에 일어나세요?
빨리 일어나세요!

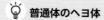
> 💡 **普通体のヘヨ体**
> ------------------------------
> 「〜します」「〜しますか」「〜しなさい」「〜しましょう」

> 💡 **敬語のヘヨ体**　※勧誘形は成立しない
> ------------------------------
> 「〜られます」「〜られますか」「〜なさい(ませ)」

(04) 会話練習 ①　会話例を参考に、与えられた表現を適切に活用させて会話してみましょう。

会話例

A

> 언제 한국에 **가세요**?

> ✓언제 한국에 **가다**
> 무슨 영화를 좋아하다
> 지금 어디 있다
> 저녁에는 뭘 만들다

B

> 다음 주 수요일에 **가요**.

> ✓다음 주 수요일에 **가다**
> 휴먼 드라마를 좋아하다
> 학교 도서관에 있다
> 한국 요리를 만들다

2. −아／어／해 주세요　〜してください

여기에 성함을 써 주세요.
한국어를 가르쳐 주세요.
아침 일찍 깨워 주세요.

> 💡 **「으」脱落の確認**
> ------------------------------
> 語幹が「으」で終わる用言の後に母音から始まる
> 語尾が続く場合(ヘヨ体など)、「ㅡ」が脱落。
> **例)** 아프다 ➡ 아파요　예쁘다 ➡ 예뻐요

(05) 会話練習 ②　会話例を参考に、与えられた表現を適切に活用させて会話してみましょう。

会話例

A

> 숙제를 **도와 주세요**.

> ✓숙제를 **돕다**
> 오늘 밤에 전화하다
> 선물을 사다
> 한국 요리를 만들다

B

> 무슨 숙제를 **도와 드릴까요**?

> ✓무슨 숙제를 **돕다**
> 몇 시에 전화하다
> 무슨 선물을 사다
> 무슨 요리를 만들다

✏️🎧 書き取り 〔06〕

音声をよく聞いて、下線を埋めましょう。

① 저 분 _____?

② 선생님_____.

③ 할머니 _____?

④ 제 _____?

👂🎧 聞き取り 〔07〕〔08〕

次の二つの会話をよく聞いてみましょう。会話の後、内容を確認する質問をします。

1. 説明が合っていれば「맞아요」に、間違っていれば「틀려요」に〇をつけてください。

민우 선배가 간단한 자기소개를 합니다.

(ミヌ先輩が簡単な自己紹介をします。)

1) 맞아요／틀려요

2) 맞아요／틀려요

2. 会話をよく聞いて、質問に答えましょう。

두 사람이 내일 예정에 대해 이야기하고 있습니다. 잘 듣고 빈 칸에 알맞은 말을 써 넣으세요.

(二人が明日の予定について話しています。よく聞いて、空欄に適切な言葉を書き入れましょう。)

1) 선영 씨는 내일 _____는 바쁩니다.

2) 두 사람은 내일 _____ 시에

_____에서 만납니다.

👄 話してみよう ••

1. 学習した文型と表現を活用してみましょう。

① 어디 사세요?

　　– 저는 ＿＿＿＿＿＿＿＿＿＿ 에 살아요.

② 취미가 어떻게 되세요?

　　– 제 취미는 ＿＿＿＿＿＿＿＿＿＿ 예요 / 이에요.

③ 주말에는 무엇을 하세요?

　　– 주말에는 주로(보통 / 가끔) ＿＿＿＿＿＿＿＿＿＿＿＿＿＿ .

2. 「旅行」をテーマに、会話してみましょう。

○ 「여행 좋아하세요? 방학 때 어디 가고 싶으세요?」
○
○ ………………………………
○
○
○
○
○
○
○
○
○

☝ 音の変化 ―「ㅎ」の弱化―

　「ㅎ」は語中に位置する環境において、その前の音節が母音、または「ㅇ」「ㄴ」「ㅁ」「ㄹ」で終わる場合に「ㅎ」の音が弱まり「ㅇ」のように発音されます。

　가：많이 [마니]　피곤하지 [피고나지]　않으세요 [아느세요] ?

　나：아뇨, 괜찮아요 [괜차나요].

第**2**課 음악을 좋아해서 밴드에 들었어요.

ミサさんはサークル活動を始めようとしています。サークルに関する語彙を覚えましょう。

ウォーミングアップ (09)

음악	스포츠	봉사	친목
소속	선배	후배	동기

会話 ❷ (10)

현우 : 오늘 저녁에 시간 있어요?

미사 : 오늘은 동아리가 있어서 좀 바빠요.

현우 : 벌써 동아리에 들어갔어요?

미사 : 음악을 좋아해서 밴드에 들었어요. 아직 체험 기간이에요.

현우 : 우리 축구 동아리에도 한번 오세요. 여학생도 많아요.

미사 : 제가 운동을 잘 못하거든요...

語彙

☐ 저녁 (夕方) ☐ 바쁘다 (忙しい) ☐ 들어가다 (入る、入っていく)

☐ 들다 (入る、加入する) ☐ 체험 (体験) ☐ 기간 (期間)

☐ 축구 (サッカー) ☐ 한번 (一度)

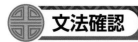 **文法確認**

理由を表す表現

1. 用言　-아 / 어 / 해서　　指定詞　-이라서

커피를 많이 마셔서 잠이 안 와요. （コーヒーをたくさん飲んで眠れません。）

너무 추워서 감기에 걸렸어요. （寒すぎて風邪をひきました。）

시험이라서 도서관에 가요. （試験なので、図書館に行きます。）

> 💡 「-서」は過去の文脈でも、過去形にならない。　（例）痛かったので ➡ 아팠어서（×）　아파서（○）

2. 用言　-(으)니까　　指定詞　-이니까

오늘 비가 오니까 우산 가져가세요. （今日は雨が降るから傘を持っていきなさい。）

오늘은 추우니까 따뜻하게 입으세요. （今日は寒いから暖かい服装をしなさい。）

좋은 책이니까 꼭 읽어 보세요. （良い本だから是非読んでみてください。）

> 💡 依頼、勧誘、命令など、相手に働きかける文脈では「-니까」しか使えない。

3. 用言　-기 때문에　　指定詞　-이기 때문에

그 수업은 어렵기 때문에 수강생이 적어요. （その授業は難しくて受講生が少ないです。）

눈이 왔기 때문에 길이 미끄러워요. （雪が降ったので道が滑ります。）

추석이기 때문에 차가 밀려요. （お盆なので道が混んでいます。）

> 💡 「名詞＋때문에」は「～のせいで」の意。「-이기 때문에」との意味の違いに注意。
> （例）친구 때문에（友達のせいで）　친구이기 때문에（友達だから）

 **練習問題**

1. 너무 맵다 / 못 먹다 ➡ 너무 매워서 못 먹었어요. (あまりにも辛くて食べられませんでした。)

1) 문제가 어렵다 / 못 풀다 → _____

2) 내용이 쉽다 / 금방 이해하다 → _____

3) 연말 / 좀 바쁘다 → _____

4) 전공 수업 / 발표가 많다 → _____

2. 비가 오다 / 내일 가요 ➡ 비가 오니까 내일 가요. (雨が降っているから、明日行きましょう。)

1) 시간이 없다 / 빨리 준비하세요 → _____

2) 감기가 유행하다 / 조심하세요 → _____

3) 제가 알다 / 뭐든지 물어보세요 → _____

4) 그 영화는 무섭다 / 다른 것 봐요 → _____

3. 친구 / 괜찮다 ➡ 친구이기 때문에 괜찮아요. (友達だから大丈夫です。)

1) 필수 과목 / 수강생이 많다 → _____

2) 짐 / 택시를 탔다 → _____

3) 친한 사이 / 비밀이 없다 → _____

4) 알바 / 숙제를 못 했다 → _____

◆「ㅂ」変則

　「ㅂ」パッチムで終わる用言の後に母音で始まる語尾（ヘヨ体など）が来る場合、「ㅂ」が消えて代わりに「우」が入る現象

基本形	ヘヨ体	-서	-니까	-기 때문에
춥다 （寒い）	추워요	추워서	추우니까	춥기 때문에
덥다 （暑い）	더워요	더워서	더우니까	덥기 때문에

＊ただし、「돕다（手伝う）」「곱다（綺麗だ）」などは例外。　例）돕다 → 도와요　곱다 → 고와요

제2과

1. −을／를 잘하다 (못하다、잘 못하다)　〜が上手だ (下手だ、上手くない)

「하다」の他にも、文脈にあう動詞を用いることも可能です。ちなみに、使用される助詞が日本語と違うので、注意しましょう。

제 동생은 피아노를 잘 쳐요.

우리 언니는 운전을 잘해요.

바빠서 남자 친구를 자주 못 만나요.

🎧11 **会話練習 ①**　会話例を参考に、与えられた表現を適切に活用させて会話してみましょう。

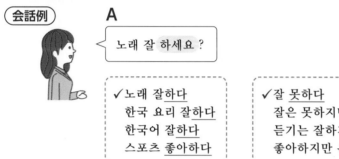

会話例

A　노래 잘 하세요?

B　잘 못해요.

✓노래 잘하다
한국 요리 잘하다
한국어 잘하다
스포츠 좋아하다

✓잘 못하다
잘은 못하지만 자주 만들다
듣기는 잘하지만 말하기는 못하다
좋아하지만 운동은 못하다

2. −거든요　〜なんです、〜ですから

動詞・形容詞の語幹には「-거든요」、指定詞には「-(이) 거든요」となります。

A : 오늘 저녁 같이 어때요?　　B : 죄송해요, 오늘은 시간이 없거든요.

A : 한국어 정말 잘하시네요.　　B : 중학교 때 한국어를 배웠거든요.

🎧12 **会話練習 ②**　会話例を参考に、与えられた表現を適切に活用させて会話してみましょう。

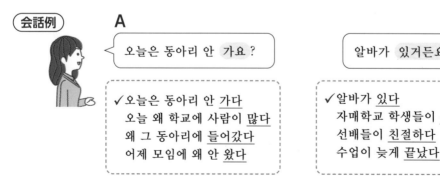

会話例

A　오늘은 동아리 안 가요?

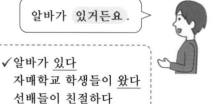

B　알바가 있거든요.

✓오늘은 동아리 안 가다
오늘 왜 학교에 사람이 많다
왜 그 동아리에 들어갔다
어제 모임에 왜 안 왔다

✓알바가 있다
자매학교 학생들이 왔다
선배들이 친절하다
수업이 늦게 끝났다

書き取り (13)

音声をよく聞いて、下線を埋めましょう。

① 어제는 일찍 _____ 그 드라마를 _____.

② 날씨가 _____ 감기 _____.

③ 영어는 _____.

④ 제가 _____.

聞き取り (14) (15)

次の二つの会話をよく聞いてみましょう。会話の後、内容を確認する質問をします。

1. 説明が合っていれば「맞아요」に、間違っていれば「틀려요」に○をつけてください。

민우 선배가 동아리 소개를 합니다.

(ミヌ先輩がサークルの紹介をしています。)

1) 맞아요 ／ 틀려요

2) 맞아요 ／ 틀려요

2. 会話をよく聞いて、質問に答えましょう。

두 사람이 취미에 대해서 이야기하고 있습니다. 잘 듣고 빈 칸에 알맞은 말을 써 넣으세요.

(二人が趣味について話しています。よく聞いて、空欄に適切な言葉を書き入れましょう。)

1) 선영 씨 취미는 _____입니다.

2) 두 사람은 이번 주 _____ 요일에

_____에 갑니다.

話してみよう

1. 学習した文型と表現を活用してみましょう。

① 왜 한국어를 공부하세요?

－ _____ 서 한국어를 공부해요.

② 엄마 생신 선물로 뭐가 좋을까요?

－ _____ 니까 _____ (으)로 해요.

③ 주로 어디에서 쇼핑하세요?

－ _____ 에서 쇼핑해요. _____ 거든요.

2. 「サークル」をテーマに、会話してみましょう。

○ 「무슨 동아리예요? 무슨 동아리에 들어가고 싶어요?」
○
○ ....
○
○
○
○
○
○
○
○

音の変化 ―口蓋音化―

「ㄷ」・「ㅌ」パッチムの後に、母音「ㅣ」が続く場合、一般的な連音とは違って、それぞれ「ㅈ」・「ㅊ」(口蓋音) と発音されます。

가 : 언니랑 같이 [가치] 면접 준비를 했어요.

나 : 좋겠다! 저는 제가 맡이 [마지] 거든요.

파티를 하려고 해요.

ミサさんとヒョヌさんは、誕生日パーティーの準備をしています。誕生日に関する語彙を覚えましょう。

ウォーミングアップ ⒃

생일	생신	축하	선물
양력	음력	-년생	만으로

会話 ❸ ⒄

현우 : 이번 주말이 민수 선배 생일이라서 파티를 하려고 해요.

미사 : 저도 같이 준비하고 싶어요.

현우 : 잘됐네요. 그럼 같이 선물을 고르면서 장소도 알아봐요.

미사 : 오늘 시간 있으면 백화점에 선물 사러 갈까요?

현우 : 인터넷으로 찾아 보면 어때요? 이것 저것 비교하면서...

미사 : 그래요. 그런데 선물 사기 전에 예산을 정할까요?

語彙

☐ 이번 (今度)　　　☐ 선배 (先輩)　　　☐ 고르다 (選ぶ)

☐ 장소 (場所)　　　☐ 알아보다 (調べる)　☐ 찾다 (探す)

☐ 비교하다 (比較する)　☐ 예산 (予算)　　　☐ 정하다 (決める)

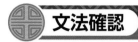 **文法確認**

文をつなげる表現

1. 仮定　-(으)면　〜すれば、〜するなら、〜したら

시간이 있으면 좀 도와 주세요. (時間があれば、ちょっと手伝ってください。)

울면 안 돼요. (泣いたら駄目です。)

2. 同時進行状況　-(으)면서　〜しながら

케이팝을 들으면서 공부를 해요. (K-POPを聴きながら勉強をします。)

같이 걸으면서 이야기를 했어요. (一緒に歩きながら話をしました。)

3. 目的　-(으)러　〜しに

자료를 찾으러 도서관에 가요. (資料を探しに図書館に行きます。)

친구가 한국에서 놀러 왔어요. (友達が韓国から遊びに来ました。)

4. 意図・目的　-(으)려고　〜しようと

유학을 가려고 한국어 능력 시험을 봤어요. (留学に行こうと韓国語能力試験を受けました。)

선생님께 드리려고 선물을 샀어요. (先生に差し上げようとプレゼントを買いました。)

◆活用確認

基本形	-(으)면	-(으)면서	-(으)러	-(으)려고
보다（見る）	보면	보면서	보러	보려고
읽다（読む）	읽으면	읽으면서	읽으러	읽으려고
놀다（遊ぶ）	놀면	놀면서	놀러	놀려고

 **練習問題**

1. 어떻게 하다 / 되다 ➡ 어떻게 하면 돼요? (どうすればいいですか。)

1) 레시피 보고 만들다 / 되다 → _____

2) 친구한테 물어보다 / 되다 → _____

3) 사전을 찾다 / 되다 → _____

4) 인터넷을 검색하다 / 되다 → _____

2. 영화를 보다 / 영화관에 가다 ➡ 영화를 보러 영화관에 갔어요.
(映画を見に映画館に行きました。)

1) 옷을 찾다 / 세탁소에 갔다오다 → _____

2) 돈을 찾다 / 은행에 다녀오다 → _____

3) 지갑을 찾다 / 분실물 센터에 가다 → _____

4) 인생의 의미를 찾다 / 인도에 가다 → _____

3. 짐을 싣다 / 기다리다 ➡ 짐을 실으면서 기다렸어요. (荷物を積みながら待ちました。)

1) 온라인 수업을 듣다 / 점심을 먹다 → _____

2) 혼자 걷다 / 이것 저것 생각해 보다 → _____

3) 장학금을 받다 / 4년간 학교를 다니다 → _____

4) 길을 묻다 / 찾아가다 → _____

◆「ㄷ」変則

　「ㄷ」パッチムで終わる用言の中には、母音で始まる語尾（ヘヨ体など）が続く場合、「ㄷ」が「ㄹ」に変わるものがあります。

基本形	ヘヨ体	-(으)면	-(으)면서	-(으)려	-(으)려고
듣다（聞く）	들어요	들으면	들으면서	들으려	들으려고
걷다（歩く）	걸어요	걸어서	걸으면서	걸으려	걸으려고

＊この他に、「묻다（訊く）」「싣다（載せる・乗せる）」などがある。一方、「받다」などは変則活用しないので、要注意。

제
3
과

15

📖 文型と表現学習

1. −(으) ㄹ까요?　～しましょうか、～するでしょうか

이제 그만 갈까요?

뭘 사면 좋을까요?

이 말을 하면 울까요?

 「그만」は、「それくらいにして（次に移る）」
「その程度にして（やめる）」などを意味します。
（例）그만 집에 돌아갈까요?
　　　（そろそろ家に帰りましょうか。）
　　　우리 그만 만나요.
　　　（私たち、もう会うのやめにしましょう。）

(18) 会話練習 ❶　会話例を参考に、与えられた表現を適切に活用させて会話してみましょう。

会話例

A　내일 같이 영화 볼까요?

B　무슨 영화가 좋을까요?

✓ 내일 같이 영화 보다
한국요리를 만들다
미사 씨가 이 색을 좋아하다
다음 주에 한국에 가다

✓ 무슨 영화가 좋다
재료는 어디서 사다
제가 한번 물어 보다
비행기 표가 있다

2. −기 전에　～する前に

이 약은 식사하기 전에 드세요.

수업을 듣기 전에 예습을 하면 좋아요.

💡 **～した後に**

「-(으)ㄴ 후에」(→7課)

3. −(으)면 어때요?　～したらどうですか

직접 물어보면 어때요?

사진을 찍어 두면 어때요?

이 책은 도서관에서 빌리면 어때요?

(19) 会話練習 ❷　会話例を参考に、与えられた表現を適切に活用させて会話してみましょう。

会話例

A　이 신발로 하면 어때요?

B　사기 전에 한번 더 신어 보고 싶어요.

✓ 이 신발로 하다
독서 동아리에 들어가다
해외에 어학연수를 가다
그 사람하고 사귀다

✓ 사다 / 한번 더 신어 보다
들어가다 / 다른 데도 가 보다
가다 / 유학 비용을 모으다
사귀다 / 조금 더 만나 보다

音声をよく聞いて、下線を埋めましょう。

① 사전을 _____ 실력이 늘어요.

② 집에서 _____ 알바를 _____.

③ 도서관이 _____ 책을 _____.

④ 이건 _____?

👂 🎧 聞き取り ㉑ ㉒

次の二つの会話をよく聞いてみましょう。会話の後、内容を確認する質問をします。

1. 説明が合っていれば「맞아요」に、間違っていれば「틀려요」に〇をつけてください。

남학생이 수업에서 발표를 하고 있습니다.
(男子学生が授業で発表をしています。)

1) 맞아요 ／ 틀려요

2) 맞아요 ／ 틀려요

2. 会話をよく聞いて、質問に答えましょう。

두 사람이 발표 준비를 하고 있습니다. 잘 듣고 빈 칸에 알맞은 말을 써 넣으세요.
(二人が発表の準備をしています。よく聞いて、空欄に適切な言葉を書き入れましょう。)

1) 발표 준비는 _____가 끝났고

_____는 아직입니다.

2) 발표는 _____일 (_____요일)입니다.

話してみよう ●●●●●●●●●●●●●●●●●●●●●●●●●●●●●●●●●●●●●●●

1. 学習した文型と表現を活用してみましょう。

① 수업이 휴강이 되면 뭐 해요?

　　– 휴강이 되면 ＿＿＿＿＿＿＿＿＿＿ (으) 러 ＿＿＿＿＿＿＿＿＿＿에 가요.

② 알바가 바빠서 숙제를 못해요. 어떻게 하면 좋을까요?

　　– ＿＿＿＿＿＿＿＿＿＿＿＿＿＿＿＿＿＿＿＿＿ (으) 면 어때요?

③ 수업을 열심히 들으려고 결심했어요. 어떻게 하면 안 졸려요?

　　– 수업을 들으면서 ＿＿＿＿＿＿＿＿＿＿＿＿＿＿＿＿＿ (으) 면 좋아요.

2. 「プレゼント」をテーマに、会話してみましょう。

○ 「최근에 누구한테 어떤 선물을 했어요?」
○
○ ．．．．．．．．．．．．．．．．．．．．．．．．．．．．．
○
○
○
○
○
○
○
○
○

👆「띠」について

　日本と同じく、東アジア文化圏に属する韓国にも「띠」(干支・えと) があります。韓国では、年齢を表す際に「○○才」という代わりに次のような言い方もよく用いられています。

　　A：무슨 띠세요?　　(何年 (なにどし) ですか。)

　　B：호랑이 띠예요.　(寅年 (とらどし) です。)

　一方で、日韓の間に違いもあり、韓国では日本の「亥(猪)」の代わりに「돼지」(豚) が入ります。

　　쥐띠 (子)　소띠 (丑)　호랑이띠 (寅)　토끼띠 (卯)　용띠 (辰)　뱀띠 (巳)

　　말띠 (午)　양띠 (未)　원숭이띠 (申)　닭띠 (酉)　개띠 (戌)　돼지띠 (亥(豚))

제 4 과 그릇을 들고 먹으면 안 돼요.

韓国と日本の食事のマナーについて話しています。文化に関する語彙を覚えましょう。

ウォーミングアップ 23

전통	한식	한복	한옥마을
문화	변화	현대	생활한복

会話 ❹ 24

현우 : 한국의 식사 예절에 대해 아세요?

미사 : 젓가락으로 밥이나 국을 먹으면 안 되죠?

현우 : 네, 원래는 숟가락으로 먹어야 돼요.
　　　하지만 저도 잘 안 지켜요.

미사 : 일본에서는 그릇을 들고 먹어요. 한국은 어때요?

현우 : 들고 먹으면 안 돼요. 면 종류도 조용히 먹어야 하고요.

미사 : 일본에서는 소리 내서 먹어도 괜찮아요.

語彙

- ☐ 예절 (礼儀)
- ☐ 원래 (元々)
- ☐ 들고 먹다 (持ち上げて食べる)
- ☐ 소리(를) 내다 (音を立てる)
- ☐ -에 대해(서) (~について)
- ☐ 숟가락 (スプーン)
- ☐ 종류 (種類)
- ☐ 젓가락 (お箸)
- ☐ 그릇 (食器)
- ☐ 조용히 (静かに)

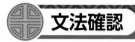 **文法確認**

許可・禁止・義務の表現

1. -아 / 어 / 해도 되다 ～してもいい

許可の表現。「되다」の代わりに「괜찮다」（大丈夫）を使用することもあります。

여기 앉아도 돼요?（ここに座ってもいいですか。）

소리 내서 읽어도 괜찮아요.（声に出して読んでも大丈夫です。）

너무 걱정 안 해도 돼요.（あまり心配しなくても大丈夫です。）

> 💡 「소리」には「音」の他に「声」の意味もあります。
> 例）큰 소리로 大声で

2. -(으)면 안 되다 ～してはいけない

禁止の表現。「안 되다」だけでも「駄目だ」の意味で用いられます。

아무한테도 말하면 안 돼요.（誰にも言ってはいけません。）

밤 늦게 전화하면 안 돼요.（夜遅くに電話しては駄目です。）

복도에서 떠들면 안 돼요.（廊下で騒いではいけません。）

> 💡 「아무－」に否定表現が続くと、全否定の意味になります。
> 「아무도 없다（誰もいない）」
> 「아무 것도 없다（何もない）」
> 「아무 데도 없다（どこにもない）」

3. -아 / 어 / 해야 하다 ～しなければならない

義務の表現。「하다」の代わりに「되다」を使用することも多いです。

전철을 두 번 갈아타야 해요.（電車を2回乗り換えないといけません。）

답안지를 내기 전에 한번 더 확인해야 돼요.（答案用紙を出す前にもう一度確認すべきです。）

반드시 연락해야 돼요.（必ず連絡しなければなりません。）

練習問題

1. 시험 / 노트를 보다 ➡ 시험 때 노트를 봐도 돼요? (試験の時、ノートを見てもいいですか。)

1) 발표 / 컴퓨터를 쓰다 　　　→ _____

2) 점심 / 잠깐 들리다 　　　　→ _____?

3) 자기소개 / 일본말로 하다 → _____

4) 파티 / 노래를 부르다 　　 → _____?

2. 운전하다 / 졸다 ➡ 운전하면서 졸면 안돼요. (運転しながら居眠りしてはいけません。)

1) 자전거를 타다 / 음악을 듣다 　→ _____ .

2) 식사하다 / 큰 소리로 떠들다 　→ _____ .

3) 수업을 듣다 / 스마트폰을 보다 → _____ .

4) 길을 걷다 / 음식을 먹다 　　　→ _____ .

3. 약속하다 / 예정을 확인하다 ➡ 약속하기 전에 예정을 확인해야 해요.
(約束する前に、予定を確認しなければなりません。)

1) 요리하다 / 손을 씻다 　　　→ _____

2) 찾아가다 / 미리 약속하다 → _____

3) 화내다 / 이유를 묻다 　　　→ _____

4) 버스를 타다 / 표를 사다 　→ _____

◆「르」変則

　語幹が「르」で終わる用言の中には、母音で始まる語尾（ヘヨ体など）が続く場合、「ㅡ」が脱落し、「르」の手前に「ㄹ」パッチムが加わる活用をするものがあります。

基本形	ヘヨ体	-(으)면	-서	連体形現在	連体形未来
모르다（知らない）	몰라요	모르면	몰라서	모르는	모를
기르다（養う、飼う）	길러요	기르면	길러서	기르는	기를

＊この他に、「다르다（異なる）」、「빠르다（速い）」などがある。

文型と表現学習

1. −아/어/해서　〜て

「〜した状態で」「〜しながら」の文脈で、主に姿勢の変化を表す動詞とともに使われます。

'누워서 떡 먹기'는 무슨 뜻이에요?

자리에서 일어서서 질문해 주세요.

탑승수속 하려고 줄서서 기다리고 있어요.

> 💡 姿勢の変化を表す動詞の例
> 앉다 座る　　서다 立つ
> 일어나다 起き上がる
> 일어서다 立ち上がる

㉕ 会話練習 ❶ 会話例を参考に、与えられた表現を適切に活用させて会話してみましょう。

会話例

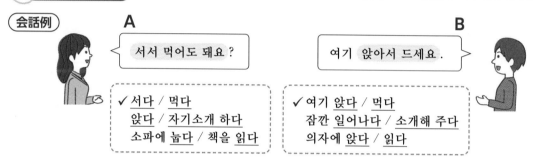

A
서서 먹어도 돼요?

B
여기 앉아서 드세요.

✓ 서다 / 먹다
　앉다 / 자기소개 하다
　소파에 눕다 / 책을 읽다

✓ 여기 앉다 / 먹다
　잠깐 일어나다 / 소개해 주다
　의자에 앉다 / 읽다

2. −고　〜て

「〜した状態で」「〜しながら」の文脈で、主に脱着動詞、所有動詞とともに使われます。

학교에 자전거를 타고 다녀요.

신발을 벗고 들어오세요.

친구 결혼식에는 한복을 입고 가면 안 돼요.

다 같이 촛불을 들고 데모했어요.

> 💡 脱着動詞、所有動詞の例
> 입다 着る　쓰다 被る　벗다 脱ぐ
> 들다 (手に)持つ　가지다 持つ

㉖ 会話練習 ❷ 会話例を参考に、与えられた表現を適切に活用させて会話してみましょう。

会話例

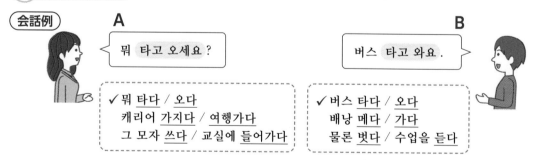

A
뭐 타고 오세요?

B
버스 타고 와요.

✓ 뭐 타다 / 오다
　캐리어 가지다 / 여행가다
　그 모자 쓰다 / 교실에 들어가다

✓ 버스 타다 / 오다
　배낭 메다 / 가다
　물론 벗다 / 수업을 듣다

✏️🎧 書き取り ㉗

音声をよく聞いて、下線を埋めましょう。

① 언제까지 _____?

② 내일 _____ 늦게까지 _____.

③ 치마는 불편하니까 _____.

④ 유학생들과 _____ 문화 _____.

👂🎧 聞き取り ㉘ ㉙

次の二つの会話をよく聞いてみましょう。会話の後、内容を確認する質問をします。

1. 説明が合っていれば「맞아요」に、間違っていれば「틀려요」に○をつけてください。

학생이 한국의 예절에 대해서 이야기하고 있습니다.
(学生が韓国の礼儀について話しています。)

　　1) 맞아요 ／ 틀려요
　　2) 맞아요 ／ 틀려요

2. 会話をよく聞いて、質問に答えましょう。

두 사람이 식사예절에 대해 이야기하고 있습니다. 잘 듣고 빈 칸에 알맞은 말을 써 넣으세요.
(二人が食事のマナーについて話しています。よく聞いて、空欄に適切な言葉を書き入れましょう。)

　　1) 일본에서는 그릇을 _____ 먹어요.

　　2) 한국에서는 라면을 _____ 먹으면 안 돼요.

제4과

話してみよう

1. 学習した文型と表現を活用してみましょう。

① (상대방 이름)씨는 뭐 타고 학교에 오세요?

– 저는 ＿＿＿＿＿＿＿＿＿＿＿＿＿＿＿ 타고 와요.

② 한국어를 잘하려면 어떻게 해야 돼요?

– 제 경험으로는 ＿＿＿＿＿＿＿＿＿＿ 야 돼요.

③ 친구하고 싸웠어요. 메일로 사과해도 될까요?

– ＿＿＿＿＿＿＿ 니까 ＿＿＿＿＿＿＿ 도 돼요.

– ＿＿＿＿＿＿＿ 니까 ＿＿＿＿＿＿＿ 면 안 돼요.

2. 「食文化」をテーマに、会話してみましょう。

○ 「한국 요리를 먹어 봤어요? 일본 요리하고 어떤 차이가 있었어요?」

音の変化 ―鼻音化―

パッチム [k] [t] [p] 類の後に「ㄴ」か「ㅁ」から始まる音節が続く場合、[k]→「ㅇ」、[t]→「ㄴ」、[p]→「ㅁ」と、それぞれ鼻音に変わります。

가 : 벌써 숙제 끝냈어요 [끈내써요]?

나 : 이 정도는 누워서 떡 먹기예요 [떵먹끼예요].

24

제 5 과　서로 도우면서 하는 거예요.

ミサさんは、ヒョヌさんに課題を手伝ってもらうことにしました。学業に関する語彙を覚えましょう。

ウォーミングアップ 🔊30

리포트	과제	발표	성적	평가
컴퓨터	워드	엑셀	저장	파일

会話 ❺ 🔊31

미사 : 이따가 파워포인트 자료 만드는 것 좀 도와 줄래요?

현우 : 3교시에 수업이 있으니까 끝나면 제가 연락할게요.
　　　 어디 있을래요?

미사 : 학교 앞 카페에서 기다릴게요. 정말 고마워요.

현우 : 아니에요. 숙제는 서로 도우면서 하는 거예요.

미사 : 항상 현우 씨가 저를 도와 주는 것 같아요.
　　　 제가 커피 살게요.

현우 : 커피는 언제나 미사 씨가 사 주는 것 같네요.

語彙

- ☐ 이따가 (後で)
- ☐ 자료 (資料)
- ☐ 도와 주다 (手伝ってくれる)
- ☐ －교시 (〜時限)
- ☐ 연락하다 (連絡する)
- ☐ 항상 (常に)
- ☐ 언제나 (いつも)

 **文法確認**

連体形現在を用いた表現

1. 連体形 ―現在―

連体形とは、動詞や形容詞が、名詞を修飾する際に活用する形式のことを指します。その形は、過去・現在・未来といった時制や品詞によって異なりますが、5課では現在形について確認します。

		パッチム無	パッチム有	活用に注意
動詞	-는	보는 것 (見ること)、듣는 것 (聞くこと)		ㄹ脱落 살다→ 사는 집 (住む家)
形容詞	-(으)ㄴ	싼 것 (安いもの)	작은 것 (小さいもの)	ㅂ変則 맵다→ 매운 음식 (辛い食べ物) ㄹ脱落 길다→ 긴 머리 (長い髪)
存在詞	-는	맛있는 것 (美味しいもの)		
指定詞	-인	학생인 것 (学生であること)		

2. -것이다　～ものだ、～ことだ

●動詞　-는 것이다

공부는 혼자 하는 거예요. (勉強は一人でするものです。)

제 취미는 노는 것이에요. (私の趣味は遊ぶことです。)

●形容詞　-(으)ㄴ 것이다

인생은 슬픈 것이에요. (人生は悲しいものです。)

연애는 힘든 거예요. (恋愛って疲れるものです。)

3. -것 같다　～ようだ、～みたいだ

●動詞　-는 것 같다

비가 오는 것 같아요. (雨が降っているみたいです。)

교실 안에 아무도 없는 것 같아요. (教室の中に誰もいないようです。)

●形容詞　-(으)ㄴ 것 같다

그렇게 안 매운 것 같아요. (そんなに辛くないと思います。)

치마가 좀 긴 것 같아요. (スカートがちょっと長い気がします。)

●指定詞　-인 것 같다

저기가 버스 정류장인 것 같아요. (あそこがバス停のようです。)

아무래도 오빠가 아니라 남자친구인 것 같아요. (どうやらお兄さんではなく、彼氏のようです。)

> 「-이/가 아니라」 ～ではなくて
> (例) 시험이 아니라 숙제
> 　　 (試験ではなくて宿題)
> 　　 내가 아니라 내 친구
> 　　 (私ではなくて私の友達)

練習問題

1. **이렇게 먹다 ➡ 이렇게 먹는 거예요.** (こんな風に食べるものです。)

1) 뭐든 장단점이 있다 → _____ .

2) 이건 뭐에 쓰다 → _____ ?

3) 실수는 누구나 하다 → _____ .

4) 송편은 추석 때 만들다 → _____ .

> ※「실수」はちょっとしたミスや間違い、
> 「실패」は失敗（「성공」の反対）
> ちょっとしたミスや間違いに「失敗した！」ということ
> がありますが、直訳の「실패」は少しニュアンスが
> 異なるので、注意しましょう。

2. **밖에 눈이 오다 ➡ 밖에 눈이 오는 것 같아요.** (外は雪が降っているようです。)

1) 안 좋은 일이 있다 → _____ .

2) 표는 예매로만 팔다 → _____ .

3) 아무도 안 살다 → _____ .

4) 그 영화 별로 재미없다 → _____ .

> ※きっぷ売り場
> ➡ 표 사는 곳
> （きっぷを買う所）

3. **어디 아프다 ➡ 어디 아픈 것 같아요.** (どこか体の具合が良くないみたいです。)

1) 저한테는 좀 맵다 → _____ .

2) 시험이 생각보다 쉽다 → _____ .

3) 어제보다 더 춥다 → _____ .

4) 반대편 플랫폼이다 → _____ .

> ※「思ったより」という表現は、
> 「생각보다（考えより）」という
> ふうに簡単に表せます。

 **文型と表現学習**

1. －(으)ㄹ래요　〜します

　一人称の平叙文では「私」の意思を表し、二人称の疑問文では「あなた」の意思を表します。「〜したい」という希望や意志が込められた表現です。

A : 올해도 다 같이 여행 갈래요?

B : 이번에는 혼자서 갈래요.

(32) 会話練習 ❶　会話例を参考に、与えられた表現を適切に活用させて会話してみましょう。

会話例　　A　　　　　　　　　　　　　　　　　　　　B

오늘 점심 뭐 먹을래요?　　　추우니까 순두부찌개 먹을래요.

✓ 오늘 점심 뭐 먹다
　같이 숙제 하다
　주말에 같이 놀러가다
　다음 학기에 한국어 수강하다

✓ 춥다 / 순두부찌개 먹다
　피곤하다 / 집에 가다
　알바가 있다 / 빠지다
　한국어는 잘하다 / 영어수업 듣다

2. －(으)ㄹ게요　〜します

　自分の意思を相手に伝えます。自分自身の意思しか表せないので、疑問文は成立しません。

일이 많으면 제가 도와 드릴게요.

내일 세 시에 역에서 기다릴게요.

> 💡 **ニュアンスを比べてみよう**
>
> 「먼저 갈게요」（先に帰りますね）
> ➡ 一般的な「お先に」に近い
> 「먼저 갈래요」（先に帰ります）
> ➡「先に帰りたい」と意志表示の部分が前面に出る

(33) 会話練習 ❷　会話例を参考に、与えられた表現を適切に活用させて会話してみましょう。

会話例　　A　　　　　　　　　　　　　　　　　　　　B

교과서를 안 가지고 왔어요.　　　제가 빌려 드릴게요.

✓ 교과서를 안 가지고 왔다
　그룹 리더는 자신이 없다
　발음이 너무 어렵다
　가방이 너무 무겁다

✓ 제가 빌려 드리다
　제가 리더 하다
　제가 가르쳐 드리다
　내가 들어 주다

✏️🎧 書き取り (34)

音声をよく聞いて、下線を埋めましょう。

① 쉬운 것도 있었지만 _____ .

② 날씨가 _____ .

③ _____ 이 취미예요.

④ 제가 _____ .

👂🎧 聞き取り (35) (36)

次の二つの会話をよく聞いてみましょう。会話の後、内容を確認する質問をします。

1. 説明が合っていれば「맞아요」に、間違っていれば「틀려요」に○をつけてください。

민수 씨가 수강하는 수업에 대해서 이야기하고 있습니다.

(ミンスさんが受講している授業について話しています。)

1) 맞아요 ／ 틀려요

2) 맞아요 ／ 틀려요

2. 会話をよく聞いて、質問に答えましょう。

두 사람이 학교 수업에 대해 이야기하고 있습니다. 잘 듣고 빈 칸에 알맞은 말을 써 넣으세요.

(二人が学校の授業について話しています。よく聞いて、空欄に適切な言葉を書き入れましょう。)

1) 아시아의 문화 수업 교수님은 _____ .

2) 아시아의 문화 수업은 _____ 두 개,

_____ 한 번, _____ 네 번 있어요.

👀 話してみよう ・・・

1. 学習した文型と表現を活用してみましょう。

① (상대방의 이름) 씨는 좋아하는 게 뭐예요?

　　－ 저는 ＿＿＿＿＿＿＿＿＿＿＿＿＿＿＿＿＿＿＿＿＿＿＿＿＿ 는 걸 좋아해요.

② 자신의 장점은 뭐라고 생각하세요?

　　－ ＿＿＿＿＿＿＿＿＿＿＿＿＿＿＿＿＿＿＿＿＿ 는 게 제 장점인 것 같아요.

③ 자신의 단점은 뭐라고 생각하세요?

　　－ ＿＿＿＿＿＿＿＿＿＿＿＿＿＿＿＿＿＿＿＿＿ 는 게 제 단점인 것 같아요.

2. 「授業」をテーマに、会話してみましょう。

○ 「무슨 수업이 가장 재미있어요? 무슨 수업이 제일 힘들어요?」
○
○ ・・・・・・・・・・・・・・・・・・・・・・・・・
○
○
○
○
○
○
○
○

👆 前置きの連結語尾「는데」を使ってみよう

　何かを話す前に「〜が」「〜けど」のような前置き表現を使うことがありますね。韓国語にも「는데」という前置き表現があります。内容の関連性が強くなくても様々な文を自然につなげることができるので、会話でよく用いられます。

　ちなみに、動詞・存在詞は「는데」、形容詞は「(으)ㄴ데」、指定詞は「인데」の形になります。

　오늘 영화 보러 가는데 같이 갈래요? （今日映画(を)見に行くけど、一緒に行きますか。）

　배가 아픈데 약 있어요? （お腹が痛いのですが、薬ありますか。）

　제 친구인데 같이 가도 돼요? （私の友達ですが、一緒に行ってもいいですか。）

같이 가면 더 재미있을 거예요.

ミサさんとヒョヌさんは一緒に旅行の計画を立てています。旅行に関する語彙を覚えましょう。

ウォーミングアップ 🎧37

여행사	패키지	성수기	비수기
一박 一일	구경하다	돌아보다	들리다

会話 ❻ 🎧38

현우 : 미사 씨, 혹시 비행기 표 벌써 예약했어요?

미사 : 아직이요. 오늘 저녁에 할 거예요.

현우 : 다행이다! 민수 선배도 가기로 했거든요.

미사 : 잘됐네요. 여럿이 같이 가면 더 재미있을 거예요.
　　　그런데 어쩌면 방이 없을지도 몰라요.

현우 : 숙박할 데는 제가 알아볼게요.
　　　게스트하우스라면 아직 있을 거예요.

미사 : 그럼 부탁할게요.
　　　내일 다 같이 여행 일정을 짜기로 할까요?

語彙

- ☐ **혹시** (もし)
- ☐ **표** (チケット)
- ☐ **벌써** (既に、もう)
- ☐ **예약** (予約)
- ☐ **여럿이** (複数人で)
- ☐ **어쩌면** (もしかすると)
- ☐ **숙박하다** (宿泊する)
- ☐ **일정** (日程)
- ☐ **짜다** (組む)

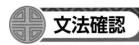 **文法確認**

連体形未来を用いた表現

1. 連体形 ―未来―

5課で学習した連体形の現在に続き、6課では未来形を確認します。

		パッチム無	パッチム有	活用に注意
動詞	-(으)ㄹ	볼 것 (見ること)、읽을 것 (読むもの)		ㄷ変則 듣다→ 들을 사람 (聞く人) ㅂ変則 돕다→ 도울 사람 (手伝う人) ㄹ脱落 살다→ 살 집 (住む家)
形容詞		비쌀 때 (高い時)	적을 때 (少ない時)	ㅂ変則 덥다→ 더울 때 (暑い時) ㄹ脱落 길다→ 길 때 (長い時)
存在詞		재미없을 때 (面白くない時)		

2. 連体形未来＋것이다

●意志　〜するつもりだ　（一人称の平叙文、二人称の疑問文において）

알바를 그만둘 거예요. (バイトをやめるつもりです。) **(主語→私)**

여행은 몇 박 며칠로 갈 거예요? (旅行は何泊何日で行くつもりですか。) **(主語→あなた)**

●推測　〜するだろう　（第三者や不特定主語の場合）

내일은 눈이 올 거예요. (明日は雪が降るはずです。)

아무도 모를 거예요. (誰も知らないと思います。)

3. 連体形未来＋것 같다　〜しそうだ、〜するだろうと思う

　推測や断定を避ける表現。過去形にも用いられ、その場合「〜しただろうと思う」という意味になる。

💡 5課で学習した「現在連体形+것 같다」とも比べてみよう。

내일이 더 추울 것 같아요. (明日がもっと寒くなりそうです。)

좋은 추억이 될 것 같아요. (良い思い出になりそうです。)

오후부터 비가 올 것 같아요. (午後から雨になりそうです。)

이미 한국에 돌아갔을 것 같아요. (すでに韓国に帰っただろうと思われます。)

아마 불합격일 것 같아요. (多分、不合格だろうと思います。)

✏ **練習問題**

1. 오늘은 일찍 자다 ➡ 오늘은 일찍 <u>잘 거예요</u>. (今日は早く寝るつもりです。)

1) 절대로 용서 안 <u>하다</u> → _____.

2) 반드시 자격을 <u>따다</u> → _____.

3) 꼭 세계일주를 <u>하다</u> → _____.

4) 매일 조금씩 <u>외우다</u> → _____.

> ※「따다」 の意味から二つだけ
> ①（くっついているものを）取る
> 귤을 따다（ミカンをもぎ取る）
> ②（資格などを）取る
> 면허를 따다（免許を取る）

2. 두 시에는 끝나다 ➡ 두 시에는 <u>끝날 거예요</u>. (2時には終わるはずです。)

1) 미리 하는 게 <u>편하다</u> → _____.

2) 오래 걸리지 <u>않다</u> → _____.

3) 가도 아무도 <u>없다</u> → _____.

4) 기말 시험은 <u>어렵다</u> → _____.

> ※「かかる」 について
> ・（時間が）かかる→걸리다
> ・（お金が）かかる→들다

3. 그게 좋다 ➡ 그게 <u>좋을 것 같아요</u>. (それがよさそうです。)

1) 곧 비가 <u>그치다</u> → _____.

2) 아무도 안 <u>왔다</u> → _____.

3) 눈물이 <u>나다</u> → _____.

4) 벌써 <u>시작했다</u> → _____.

> ※「来ていない」 について
> 直訳して「오고 있지 않다」に
> しがちですが、不自然な表現です。
> 正しくは、「오지 않았다」または
> 「안 왔다」となります。

📖 文型と表現学習

1. − (으) ㄹ지도 모르다　〜するかもしれない

벌써 와 있을지도 몰라요.

가는 길에 들릴지도 몰라요.

벌써 시작했을지도 몰라요.

> 💡 「와 있다 (来ている)」 と 「가 있다 (行っている)」
>
> 「来て今ここにいる」、「行って今そこにいる」 といった状態を表す。

(39) 会話練習 ①　会話例を参考に、与えられた表現を適切に活用させて会話してみましょう。

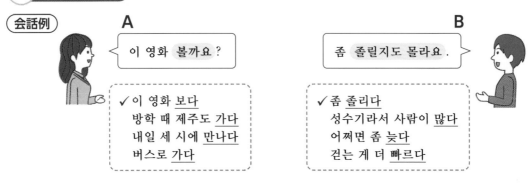

会話例

A：이 영화 <u>볼까요</u> ?

✓ 이 영화 <u>보다</u>
방학 때 제주도 <u>가다</u>
내일 세 시에 <u>만나다</u>
버스로 <u>가다</u>

B：좀 <u>졸릴지도 몰라요</u>.

✓ 좀 <u>졸리다</u>
성수기라서 사람이 <u>많다</u>
어쩌면 좀 <u>늦다</u>
걷는 게 더 <u>빠르다</u>

2. −기로 하다　〜することにする

A : 여행 준비는 잘 되고 있어요?

B : 네, 오늘 다 같이 여행 계획을 세우기로 했어요.

(40) 会話練習 ②　会話例を参考に、与えられた表現を適切に活用させて会話してみましょう。

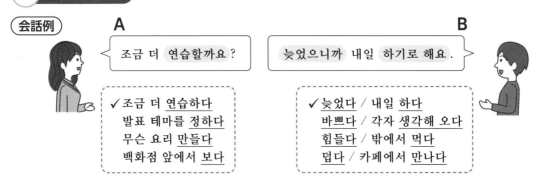

会話例

A：조금 더 <u>연습할까요</u> ?

✓ 조금 더 <u>연습하다</u>
발표 테마를 <u>정하다</u>
무슨 요리 <u>만들다</u>
백화점 앞에서 <u>보다</u>

B：늦었으니까 내일 <u>하기로 해요</u>.

✓ <u>늦었다</u> / 내일 <u>하다</u>
<u>바쁘다</u> / 각자 생각해 <u>오다</u>
<u>힘들다</u> / 밖에서 <u>먹다</u>
<u>덥다</u> / 카페에서 <u>만나다</u>

 **書き取り** ㊶

音声をよく聞いて、下線を埋めましょう。

① 렌터카로 이동하는 것이 _____.

② 말을 안 해서 엄마는 _____.

③ 짐이 좀 _____.

④ 헤어질 때 _____.

聞き取り ㊷ ㊸

次の二つの会話をよく聞いてみましょう。会話の後、内容を確認する質問をします。

1. 説明が合っていれば「맞아요」に、間違っていれば「틀려요」に○をつけてください。

민수 씨가 방학 때 가고 싶은 곳에 대해 이야기합니다.

(ミンスさんが休みに行きたい所について話しています。)

1) 맞아요 / 틀려요
2) 맞아요 / 틀려요

2. 会話をよく聞いて、質問に答えましょう。

두 사람이 여행 일정에 대해서 이야기하고 있습니다. 잘 듣고 빈 칸에 알맞은 말을 써 넣으세요.

(二人が旅行の日程について話しています。よく聞いて、空欄に適切な言葉を書き入れましょう。)

1) 부산에는 _____ 일에 _____ 시 비행기를 타고 갑니다.

2) 부산에서 _____까지는 _____를 타고 갑니다.

話してみよう

1. 学習した文型と表現を活用してみましょう。

① 이번 주말에는 뭐 할 거예요?

－ _____ (으)ㄹ 거예요.

② 여름 방학에 뭐 하기로 했어요?

－ _____ 기로 했어요.

③ 한국에서 친구가 와요. 뭐 먹으러 가면 좋을까요?

－ _____ 니까 _____ 좋을 것 같아요.

2. 「日本の観光地」をテーマに、会話してみましょう。

○「일본 국내에서 추천하고 싶은 관광지가 있으면 가르쳐 주세요」
○
○ ....
○
○
○
○
○
○
○
○
○

歳に関連する表現いろいろ

年齢を表す際、韓国では「○○살이에요（○○才です）」の他に、次のような表現も使われます。

・「○○년생」　　例）「저는 82년생이에요.」「私は82年生まれです。」

・「○○학번」　　例）「21학번 이민우입니다.」「2021年に入学したイ・ミヌです。」

なお、1課で学習したように、目上の人には直接的な言い方を避けるので、年齢を聞く際には、

・「연세가 어떻게 되세요?」（お年がどのようになられますか。）

のような婉曲な言い方をします。

제 7 과 한국어를 배운 지 얼마나 됐어요?

ミサさんは歌を歌うのが好きです。好きな活動に関わる語彙を覚えましょう。

ウォーミングアップ (44)

노래방	동영상	맛집 투어	뜨개질	꽃꽂이
요리	댄스	스포츠 관람	네일 아트	집콕

会話 ❼ (45)

현우 : 미사 씨 어쩜 그렇게 노래를 잘해요?

미사 : 그냥 노래 부르는 것을 좋아해요.

현우 : 게다가 한국어 발음까지 너무 좋아요.

미사 : 다른 사람 앞에서 한국어로 부른 적이 없어서 너무
　　　 떨렸어요.

현우 : 한국어 배운 지 얼마나 됐어요?

미사 : 한국에 유학 오기 전부터 배웠으니까 벌써 2년이 됐네요.

語彙

☐ 어쩜 그렇게 (どうしてそんなに)　　☐ 그냥 (ただ)　　☐ 게다가 (それに)

☐ 발음 (発音)　　☐ 다르다 (異なる、違う)　　☐ 다른 사람 (他人)

☐ 떨리다 (緊張する)　　☐ 얼마나 (どれくらい)　　☐ 전 (前)

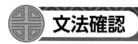 **文法確認**

連体形過去を用いた表現

1. 連体形 —過去—

6課で学習した連体形の未来に続き、7課では過去形を確認します。

		パッチム無	パッチム有	活用に注意
動詞	-(으)ㄴ	만난 사람 (会った人)	먹은 사람 (食べた人)	ㄷ変則 걷다→ 걸은 사람 （歩いた人） ㅂ変則 돕다→ 도운 사람 （手伝った人） ㄹ語幹 살다→ 산 집 （住んでいた家）
形容詞	-던	좋던 때 （良かった時）		
存在詞		멋있던 사람 （かっこよかった人）		
指定詞		학생이던 때 （学生だった時）		

2. -(으)ㄴ 적이 있다 / 없다　〜したことがある／ない

　過去にある行動を経験したことの有無を表す表現です。動詞の過去連体形「-(으)ㄴ」に「적이 있다／없다」が続くと、「〜したことがある／ない」の意味になります。

비빔밥을 먹은 적이 있어요? （ビビンバを食べたことがありますか。）

한국에서 일 년 정도 산 적이 있어요. （韓国で1年ほど住んだことがあります。）

이 길은 전에 걸은 적이 있어요. （この道は前に歩いたことがあります。）

> 💡 「-아／어／해 본 적이 있다（없다）」の形でもよく使われます。
> ---
> 그 소설을 읽어 본 적이 있어요. （その小説を読んでみたことがあります。）

3. -(으)ㄴ 지 -되다　〜してから〜になる

　何かを始めてから、または、何かが始まってからどれくらい時間が経過したのかを意味します。
　動詞の過去連体形「-(으)ㄴ」に「지」が続いて「〜してから」になり、その後、「時間を表す名詞や副詞 ＋ （가／이）되다」で「〜になる」になります。

한국에 온 지 얼마나 됐어요? （韓国に来てからどのくらいになりますか。）

그 책을 읽은 지 오래됐어요. （その本を読んでからずいぶん経ちました。）

그 사실을 안 지 얼마 안 됐어요. （その事実を知ってあまり経っていません。）

> 💡 「〜になる」では助詞の使い方に注意しましょう。
>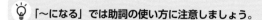
> 남친하고 사귄 지 1년이 됐어요. （彼氏と付き合ってから1年になりました。）

1. <u>한국</u> / <u>여행가다</u> ➡ <u>한국에 여행간 적이 있어요?</u> (韓国に旅行に行ったことがありますか。)

1) <u>케이팝</u> / <u>듣다</u>   → _____

2) <u>한국 요리</u> / <u>만들다</u> → _____

3) <u>그 일</u> / <u>해 보다</u>   → _____

4) <u>학원</u> / <u>다니다</u>   → _____

> ※「ㄷ変則」、「ㄹ脱落」を注意し
> ましょう。

2. <u>집</u> / <u>나오다</u> / <u>얼마나 됐어요?</u> (1 시간)
➡ A : <u>집에서 나온 지 얼마나 됐어요?</u>　B : <u>1 시간 됐어요.</u>
　(家から出てからどのくらいになりましたか。)　　　　(1時間になりました。)

1) <u>이 길</u> / <u>다니다</u> / <u>오래됐어요?</u> (한 1년 정도)

→ A : _____?

B : _____

2) <u>요리</u> / <u>시키다</u> / <u>얼마나 됐어요?</u> (벌써 꽤 되다)

→ A : _____?

B : _____

3) <u>버스</u> / <u>기다리다</u> / <u>오래됐어요?</u> (얼마 안 되다)

→ A : _____?

B : 아뇨. _____

제
7
과

文型と表現学習

1. 후에　〜の後で ／ － (으) ㄴ후에 (뒤에)　〜した後に

　時間の前後関係を明らかにする表現です。名詞の場合は「후에」、動詞の場合は「-(으) ㄴ 후에 (または뒤에)」になります。「名詞 + 전에 (〜の前に)」、「動詞の語幹 + -기 전에 (〜する前に)」の表現も使ってみましょう。

수업이 끝난 후에 봐요.

졸업 후에 뭐 할 생각이에요?

A : 약은 식사 후에 먹으면 돼요?　B : 아뇨, 식사하기 전에 드세요.

（46）会話練習 ❶　会話例を参考に、与えられた表現を適切に活用させて会話してみましょう。

会話例

A：한국 드라마 는 언제 봐요 ?

B：저녁을 먹은 후에 봐요 .

✓한국 드라마／언제 보다
유학／언제 가다
과제／언제 하다
빵／언제 만들다

✓저녁을 먹다／보다
이번 학기가 끝나다／가다
청소를 하다／하다
아침에 일어나다／만들다

2. －자마자　〜するとすぐに、するやいなや

　前節の状況や行為が終わった後に直ちに後節の行動が起こることを意味します。動詞語幹の後に「-자마자 (〜するやいなや)」 をつけます。

아침에 일어나자마자 커피를 마셔요.

그 이야기를 듣자마자 이해가 됐어요.

（47）会話練習 ❷　会話例を参考に、与えられた表現を適切に活用させて会話してみましょう。

会話例

A：언제 갔어요 ?

B：전화를 받자마자 갔어요 .

✓언제 가다
언제 첫눈에 반하다
언제 잠이 들다
언제 컴퓨터를 켜다

✓전화를 받다／가다
그 사람을 보다／반하다
피곤해서 눕다／잠이 들다
집에 들어오다／켜다

✏️🎧 書き取り 48

音声をよく聞いて、下線を埋めましょう。

① 그 노래를 _____ 있어요.

② 도시락 _____ 됐어요?

③ _____ 바로 후회했어요.

④ 우산을 _____ 비가 그쳤어요.

👂🎧 聞き取り 49 50

次の二つの会話をよく聞いてみましょう。会話の後、内容を確認する質問をしますので、質問に対する返事を書いてください。「맞아요」・「틀려요」を選ぶ問題は、説明が合っていれば「맞아요」に、間違っていれば「틀려요」に〇をつけてください。

1. 케이팝에 대해서 이야기 합니다. 잘 들어 보세요.
(K-POPについて話します。よく聞いてみましょう。)

1) 이 사람이 좋아하는 게 뭐예요?
_____

2) 맞아요 / 틀려요

2. 두 사람은 한국 음식점에 대해서 이야기하고 있습니다. 잘 들어 보세요.
(二人は韓国料理店について話しています。 よく聞いてみましょう。)

1) 유자차는 언제 나와요?
_____

2) 맞아요 / 틀려요

제 7 과

41

話してみよう

1. 学習した文型と表現を活用してみましょう。

① 어느 나라에 가 본 적이 있어요?

　　－＿＿＿＿＿＿＿＿＿＿＿ 에 가 본 적이 있어요. / 가 본 적이 없어요.

② 한국어를 공부한 지 얼마나 됐어요?

　　－ 공부한 지 ＿＿＿＿＿＿＿＿＿ 됐어요.

③ 아르바이트 하세요?　 그 알바를 한 지 얼마나 됐어요?

　　－ 네 / 아뇨, 알바한 지 ＿＿＿＿＿＿＿＿＿ 됐어요.

2. 「好きな活動」をテーマに、会話してみましょう。

○「맛집 투어 좋아하세요?　노래방 좋아하세요?　한국 노래도 불러요?」
○
○　..................................
○
○
○
○
○
○
○
○
○

☞ 音の変化 ―激音―

(1) ㅎ系パッチム「ㅎ,ㄶ,ㅀ」の後に子音「ㄱ,ㄷ,ㅈ」が続くと、それぞれの激音「ㅋ,ㅌ,ㅊ」で発音されます。

(2) ㄱ,ㄷ,ㅂ類のパッチムの後に「ㅎ」が続くと、それぞれの激音「ㅋ,ㅌ,ㅍ」で発音されます。

미사 씨 어쩜 그렇게 [그러케] 노래를 잘해요?

아니에요, 잘 못해요 [모태요].

날씨가 많이 따뜻해요 [따뜨태요].

※못 먹어요 ／ 못 가요 ／못 읽어요も確認しましょう！　※p.66「ㄴ添加」を参照

제8과

재미있는 사람이었으면 좋겠어요.

ミサさんは友達と合コンに参加します。性格に関わる語彙を覚えましょう。

ウォーミングアップ (51)

조용하다	활발하다	재미있다	자상하다	상냥하다
내성적이다	꼼꼼하다	차분하다	덤벙대다	사교적이다

会話 ❽ (52)

미사 : 미팅은 처음이라서 너무 긴장돼요.

현우 : 그냥 편하게 생각하세요. 근데 미사 씨는 어떤 사람이
이상형이에요?

미사 : 글쎄요? 제가 좀 조용한 편이라 재미있는 사람이었으면
좋겠어요.

현우 : 그런 분이 나올 거예요. 근데 몇 시부터예요?

미사 : 신촌에서 2시부터요.

현우 : 시간이 거의 됐어요.
지금 출발하는 게 좋겠네요.

語彙

- ☐ 미팅 (合コン)
- ☐ 처음이다 (初めてだ)
- ☐ 긴장되다 (緊張する)
- ☐ 편하다 (楽だ)
- ☐ 편하게 (気楽に)
- ☐ 이상형 (理想のタイプ)
- ☐ 나오다 (出る)
- ☐ 신촌 (新村)〔地名〕
- ☐ 거의 (ほとんど)
- ☐ 출발하다 (出発する)

希望と提案の表現

1. -았 / 었으면 좋겠다　〜したらいい

まだ実現していないことに対する願いを表します。「-았／었으면 하다」の形でも使えます。

방학이 빨리 왔으면 좋겠어요. (長期休みが早く来たらいいです。)

노래를 잘 불렀으면 좋겠어요. (歌を上手に歌えたらいいなと思います。)

그 사람이 가수였으면 좋겠어요. (その人が歌手だったらいいです。)

> 💡 同じ意味で、「-(으) 면 좋겠다」も使われますが、「-았/었으면 좋겠다」は願望が実現しない状況で、すでに実現した状態を仮定して言うので、より強調した言い方になります。
>
> 돈이 많으면 좋겠어요. (お金がたくさんあるといいです。)
> ➡今、お金があるかないかとは無関係に、お金がたくさんあればいい、という一般的な希望。
>
> 돈이 많았으면 좋겠어요. (お金がたくさんあったらいいです。)
> ➡今、お金がない状況で、あったらいいなと仮定することで強調する意味になる。

2. -는 게 좋겠다　〜するのがいいと思う

相手に何かを提案する時、いくつかの選択肢の中から一つを選んで提案する時に使います。相手の意向を尋ねながら提案したい時は「-는 게 어때요? 〜するのはどうですか」の表現も使えます。

오늘은 일찍 자는 게 좋겠어요. (今日は早く寝たほうがいいと思います。)

이거보다 저걸 사는 게 좋겠어요. (これよりあれを買ったほうがよさそうです。)

단기 유학으로 가는 게 어때요? (短期留学で行ったらどうですか。)

1. <u>수업</u> / <u>빨리 끝나다</u> ➡ 수업이 빨리 끝났으면 좋겠어요.

（授業が早く終わったらいいと思います。）

1) 좋은 <u>사람</u> / <u>결혼하다</u>　　→ ＿＿＿＿＿＿＿＿＿＿＿＿＿＿＿＿＿＿

2) <u>A+</u> / <u>받다</u>　　　　　　→ ＿＿＿＿＿＿＿＿＿＿＿＿＿＿＿＿＿＿

3) <u>올 겨울</u> / <u>눈이 오다</u>　　→ ＿＿＿＿＿＿＿＿＿＿＿＿＿＿＿＿＿＿

4) <u>대학생 때</u> / <u>배낭 여행하다</u> → ＿＿＿＿＿＿＿＿＿＿＿＿＿＿＿＿＿＿

> ※배낭 여행　**バックパック旅行**
> 直訳するとリュックサック（背嚢）旅行

2. <u>영화</u> / <u>보다</u>　（노래방 / 가다）
➡ A : 영화를 보는 건 어때요?　B : 노래방에 가는 게 좋겠어요.

（映画を見るのはどうですか。）　　　　　　（カラオケに行くのがいいと思います。）

1) <u>냉면</u> / <u>시키다</u>　（그렇다 / 하다）

→A : ＿＿＿＿＿＿＿＿＿＿＿＿＿＿＿＿＿＿＿＿＿＿＿ ?

　B : ＿＿＿＿＿＿＿＿＿＿＿＿＿＿＿＿＿＿＿＿＿＿＿ .

2) <u>맥주</u> / <u>마시다</u>　（막걸리／하다）

→A : ＿＿＿＿＿＿＿＿＿＿＿＿＿＿＿＿＿＿＿＿＿＿＿ ?

　B : ＿＿＿＿＿＿＿＿＿＿＿＿＿＿＿＿＿＿＿＿＿＿＿ .

3) <u>빨간색</u> / <u>하다</u>　（보라색／새로 사다）

→A : ＿＿＿＿＿＿＿＿＿＿＿＿＿＿＿＿＿＿＿＿＿＿＿ ?

　B : ＿＿＿＿＿＿＿＿＿＿＿＿＿＿＿＿＿＿＿＿＿＿＿ .

제 8 과

文型と表現学習

1. -(으)ㄴ／는 편이다　～するほうだ

　ある事実を断定的に話すよりも、それに近いという時に使う表現です。否定で使う場合は、「안 -(으)ㄴ／는　편이다」(～しないほうだ) や「-(으)ㄴ／는　편이 아니다」(～するほうではない) で表現します。

고기보다 야채를 좋아하는 편이에요.

뭘 잘 두고 다녀요. 좀 덤벙대는 편이에요.

（53）**会話練習 ①**　会話例を参考に、与えられた表現を適切に活用させて会話してみましょう。Aの質問に対して□の中にある語彙を使って返事をしましょう。

会話例

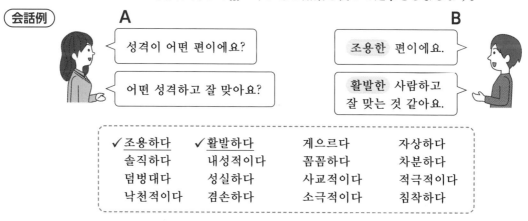

✓조용하다	✓활발하다	게으르다	자상하다
솔직하다	내성적이다	꼼꼼하다	차분하다
덤벙대다	성실하다	사교적이다	적극적이다
낙천적이다	겸손하다	소극적이다	침착하다

2. 「ㅎ」変則

　語幹末にパッチムが「ㅎ」で終わる大部分の形容詞は、後ろに母音で始まる語尾が来ると、「ㅎ」が脱落します。また「아／어」が続くと「ㅎ」が落ちるだけではなく「ㅣ」が追加されます。なお、좋다 (良い)、놓다 (置く) は正則活用。

A : 밖에 눈이 와요?　　B : 네, 하얀 눈이 펄펄 내려요.

　까만 색이 더 잘 어울려요.

（54）**会話練習 ②**　会話例を参考に、与えられた表現を適切に活用させて会話してみましょう。

会話例

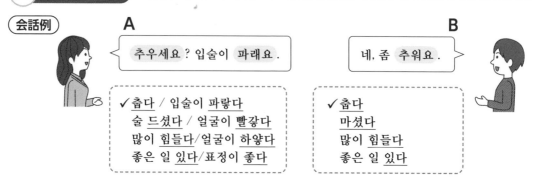

書き取り 🎧 ⑤⑤

音声をよく聞いて、下線を埋めましょう。

① 내일은 일찍 _____ .

② 일찍 _____ .

③ 입이 _____ .

④ 하늘로 _____ 풍선이 날아가고 있어요.

聞き取り 🎧 ⑤⑥ ⑤⑦

次の二つの会話をよく聞いてみましょう。会話の後、内容を確認する質問をしますので、質問に対する返事を書いてください。「맞아요」・「틀려요」を選ぶ問題は、説明が合っていれば「맞아요」に、間違っていれば「틀려요」に〇をつけてください。

1. 민수 씨가 성격에 대해 이야기 합니다. 잘 들어 보세요.

(ミンスさんが性格について話しています。よく聞いてみましょう。)

1) 민수 씨는 어떤 성격이에요?

_____

2) 맞아요 / 틀려요

2. 두 사람이 미팅에 대해서 이야기하고 있습니다. 잘 들어 보세요

(二人はコンパについて話しています。 よく聞いてみましょう。)

1) 어제 미팅은 몇 명이서 했어요?

_____

2) 맞아요 / 틀려요

話してみよう •••

1. 学習した文型と表現を活用してみましょう。

① 주말에는 주로 뭐 하는 편이에요?

　－주말에는 ＿＿＿＿＿＿＿＿＿＿＿＿＿＿＿＿＿＿＿ 편이에요.

② 어떤 계절을 좋아하는 편이에요?

　－＿＿＿＿＿＿＿＿＿＿＿＿＿＿＿＿＿＿＿ 좋아하는 편이에요.

③ 돈이 많으면 뭘 했으면 좋겠어요?

　－돈이 많으면 ＿＿＿＿＿＿＿＿＿＿＿＿＿＿＿＿ 좋겠어요.

2. 「理想なタイプ」をテーマに、会話してみましょう。

- 「어떤 사람이 이상형이에요? 중요하다고 생각하는 조건을 3가지 말해 보세요 」
-
- ....
-
-
-
-

国名の表記について

　色々な国の名前を韓国語で覚えてみましょう。以下は、韓国の「外来語表記法」に従って表した国名です。

モンゴル	몽골	カナダ	캐나다	マレーシア	말레이시아	チリ	칠레
ロシア	러시아	アルゼンチン	아르헨티나	フィリピン	필리핀	ツバル	투발루
カンボジア	캄보디아	ベルギー	벨기에	ポルトガル	포르투갈	ハンガリー	헝가리
トルコ	튀르키예	オランダ	네덜란드				

　一方、漢字語の音読みをする国もあり、日本は「일본」、中国は「중국」となります。以下、世界200余りの国々の中、このように漢字語読みをする国・地域をいくつか紹介します。

台湾	대만	イギリス	영국	アメリカ	미국	タイ	태국
ドイツ	독일	インド	인도	バチカン市国	교황청 (바티칸시국)	オーストラリア	호주 (오스트레일리아)

기모노 입을 줄 알아요?

ミサさんは文化交流パーティーに参加する予定です。イベントに関わる語彙を覚えましょう。

회식	동아리	환영회	엠티	집들이
생파	2차	축제	동창회	과팅

会話 ❾ 59

현우 : 미사 씨, 이번 문화교류 파티에 참석하죠?

미사 : 네, 하려구요. 왜요?

현우 : 부탁이 있는데요. 혹시 기모노 가지고 있어요?

미사 : 네, 일본에서 올 때 가져왔어요.

현우 : 그 날 깜짝 이벤트로 각 나라 전통 의상 소개하는 코너가
　　　　있는데, 좀 빌려줄 수 있어요?

미사 : 그럼요. 근데 기모노 입는 게 어려울 텐데 입을 줄 알아요?

語彙

☐ 문화교류 (文化交流)　　☐ 참석하다 (参加する)　　☐ 부탁 (お願い)

☐ 깜짝 (びっくり／サプライズ)　　☐ 각 나라 (各国)　　☐ 소개하다 (紹介する)

☐ 빌려주다 (貸してくれる)　　☐ 입다 (着る)

49

文法確認

未来連体形を用いた表現

1. -(으)ㄹ 수 있다 / 없다　～することができる／できない

　能力や可能性を表します。可能の場合は「-(으)ㄹ 수 있다」を、不可能の場合は、「-(으)ㄹ 수 없다」を使います。

문제가 어려워서 풀 수 없어요. (問題が難しくて解くことができません。)

열심히 했으니까 잘할 수 있어요. (一生懸命やったので上手くできます。)

제가 도울 수 있을 거예요. (私が助けることができるでしょう。)

2. -(으)ㄹ 줄 알다 / 모르다　～するすべを知っている／知らない

　「～することができる／できない」と訳されることが多いですが、もとの意味は「～するすべを知っている／知らない」です。したがって、ある行為の方法を知っているので「できる」、知らないので「できない」時のみに使います。

운전할 줄 알아요? (運転できますか。)

한글을 읽을 줄은 아는데 뜻을 몰라요. (ハングルは読めるのに意味が分かりません。)

잡채를 만들 줄 알아요？ (チャプチェが作れるんですか。)

 -(으)ㄹ 줄 알다／모르다は、方法以外の一般的な可能の表現では使いません。
・주말에 시간이 있으면 만날 줄 알아요. ✕
・주말에 시간이 있으면 만날 수 있어요. ○

 -(으)ㄹ 줄 알았다／몰랐다のように過去形にすると「～だと思った／～だとは思わなかった」の意味になります。

50

練習問題

1. A : 테니스를 칠 수 있어요? (テニスができますか。)
B : (네) 네, 칠 수 있어요. ／ (아뇨)아뇨,칠 수 없어요.
(はい、できます。)　　　　　　(いいえ、できません。)

김치　　·　　　　　　　　　　·치다
빨리　　·　　　　　　　　　　·걷다
테니스·　　　　　　　　　　·담그다
춤　　　·　　　　　　　　　　·풀다
문제　　·　　　　　　　　　　·추다

1) A : ＿＿＿＿＿＿＿＿＿　　B : (네)＿＿＿＿＿＿＿＿＿
2) A : ＿＿＿＿＿＿＿＿＿　　B : (아뇨)＿＿＿＿＿＿＿＿
3) A : ＿＿＿＿＿＿＿＿＿　　B : (네)＿＿＿＿＿＿＿＿＿
4) A : ＿＿＿＿＿＿＿＿＿　　B : (아뇨)＿＿＿＿＿＿＿＿

2. 한국어로 편지를 쓰다
➡ 한국어로 편지를 쓸 줄 알아요. ／ 한국어로 편지를 쓸 줄 몰라요.
(韓国語で手紙を書けます。)　　　　　　(韓国語で手紙を書けません。)

1) 자전거를 타다

→ ＿＿＿＿＿＿＿＿＿＿＿＿ ／ ＿＿＿＿＿＿＿＿＿＿＿＿

2) 잡채를 만들다

→ ＿＿＿＿＿＿＿＿＿＿＿＿ ／ ＿＿＿＿＿＿＿＿＿＿＿＿

3) 사과를 예쁘게 깎다

→ ＿＿＿＿＿＿＿＿＿＿＿＿ ／ ＿＿＿＿＿＿＿＿＿＿＿＿

4) 꽃꽂이를 하다

→ ＿＿＿＿＿＿＿＿＿＿＿＿ ／ ＿＿＿＿＿＿＿＿＿＿＿＿

📖 文型と表現学習

1. – (으) ㄹ 텐데　～はずだから、～だろうから

　話し手の強い推測を表しながら、「～だから、～だけど」と関連した内容を続けて言う時に使います。推測や意志を表す「-(으)ㄹ 터이다」に、「-ㄴ데」が合わさった表現です。

많이 피곤했을 텐데 빨리 씻고 주무세요.

분명히 저 사람일 텐데 자꾸 아니라고 하네요.

(60) 会話練習 ❶　会話例を参考に、与えられた表現を適切に活用させて会話してみましょう。

会話例

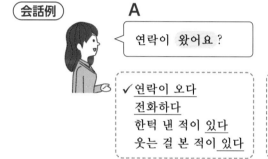

A
연락이 왔어요?

B
아뇨, 연락을 받았을 텐데
아무 소식이 없네요.

✓ 연락이 오다
전화하다
한턱 낸 적이 있다
웃는 걸 본 적이 있다

✓ 연락을 받다 / 아무 소식이 없다
일이 끝나다 / 받지 않다
많이 벌다 / 한 번도 밥을 안 사다
기분이 좋다 / 역시 안 웃다

2. – (으) ㄹ 뿐(만) 아니라　～するだけではなく

　前節の内容だけではなく、後節の内容が指し示すことまで加える時に使います。名詞に使う場合は、「-뿐(만) 아니라」になります。

A：그 가게에 왜 자주 가요?　B：맛있을 뿐 아니라 값도 싸서요.

A：늘 성적이 좋네요.　　　　B：가능하면 복습 뿐만 아니라 예습까지
　　　　　　　　　　　　　　　 하려고 해요.

(61) 会話練習 ❷　会話例を参考に、与えられた表現を適切に活用させて会話してみましょう。

会話例

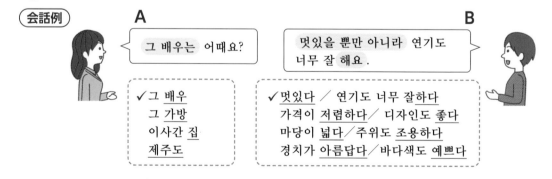

A
그 배우는 어때요?

B
멋있을 뿐만 아니라 연기도
너무 잘 해요.

✓ 그 배우
그 가방
이사간 집
제주도

✓ 멋있다 / 연기도 너무 잘하다
가격이 저렴하다 / 디자인도 좋다
마당이 넓다 / 주위도 조용하다
경치가 아름답다 / 바다색도 예쁘다

✏️🎧 書き取り 🎧62

音声をよく聞いて、下線を埋めましょう。

① 언제까지 _____ 있어요?

② 기타 _____.

③ 한 번 와 봐서 집을 _____ 많이 늦네요.

④ _____ 일 처리도 빨라요.

👂🎧 聞き取り 🎧63 🎧64

　次の二つの会話をよく聞いてみましょう。会話の後、内容を確認する質問をしますので、質問に対する返事を書いてください。「맞아요」・「틀려요」を選ぶ問題は、説明が合っていれば「맞아요」に、間違っていれば「틀려요」に〇をつけてください。

1. 민수 씨가 이벤트에 대해서 설명하고 있어요. 잘 들어 보세요.
　　(ミンスさんがイベントについて話しています。よく聞いてみましょう。)

1) 문화 교류 이벤트에는 어떤 코너가 있어요?
　_____

2) 맞아요 ／ 틀려요

2. 두 사람은 생파 선물에 대해서 이야기하고 있습니다. 잘 들어 보세요.
　　(二人は誕生日プレゼントについて話しています。よく聞いてみましょう。)

1) 내일 두 사람은 뭐 할 계획이에요?
　_____

2) 맞아요 ／ 틀려요

話してみよう

1. 学習した文型と表現を活用してみましょう。

① 무슨 음식을 만들 줄 알아요?

– _____ 만들 줄 알아요.

② 무슨 운동을 할 수 있어요?

– _____ 할 수 있어요.

③ 조금 있으면 방학이 될 텐데 무슨 계획 있어요?

– 방학이 되면 _____ 할 거예요.

2. 「誕生日プレゼント」をテーマに、会話してみましょう。

○ 「친구 생파에는 보통 뭘 선물해요? 생일 선물로 뭘 받고 싶어요?」
○
○ ....
○
○
○
○
○
○
○
○
○

🖐 音の変化 ―濃音化―

ㄱ、ㄷ、ㅂ類のパッチムの後に子音「ㄱ、ㄷ、ㅂ、ㅅ、ㅈ」が来ると、それぞれの濃音「ㄲ、ㄸ、ㅃ、ㅆ、ㅉ」で発音されます。

혹시 [혹씨] 기모노 가지고 있어요?

복습 [복씁] 뿐만 아니라 예습까지 하려고 해요.

좀 빌려줄 수 [줄 쑤] 있어요?*

*未来連体形の後に「ㄱ、ㄷ、ㅂ、ㅅ、ㅈ」が続くと濃音化が起きます。

제 10 과

주소를 앱으로 찾았더니 알기 쉽던데요.

ミサさんはチスさんの家に招待されました。お祝いする行事の言葉を覚えましょう。

ウォーミングアップ ⑥⑤

승진	입학	약혼	돌잔치	졸업
결혼	취직	합격	임신 / 출산	수상

会話 ⑩ ⑥⑥

지수 : 어서 오세요. 집은 바로 찾으셨어요?

미사 : 네, 보내 주신 주소를 앱으로 찾았더니 알기 쉬웠어요.
　　　 초대해 주셔서 감사해요. 저 이거...

지수 : 뭘 이런 걸 다 사 오셨어요?

미사 : 별거 아니에요. 그냥 휴지하고 세제하고 일본 과자예요.

지수 : 집들이 때 세제하고 휴지 사는 건 어떻게 아셨어요?
　　　 한국 사람이 다 되셨네요.

미사 : 근데 집이 환하고 너무 좋네요.

지수 : 네, 전에 살던 집은 어두웠는데 환해져서 너무 좋아요.

語彙

- [ ] 바로 (すぐ)
- [ ] 찾다 (見つかる、探す)
- [ ] 알기 쉽다 (分かりやすい)
- [ ] 별거 아니다 (大したものではない)
- [ ] 휴지 (ティッシュ)
- [ ] 세제 (洗剤)
- [ ] 다 되다 (すっかりなる)
- [ ] 환하다 (明るい)

文法確認

過去の経験と回想の表現

1. -았/었더니 ～したら、～すると

　過去に自分がある行為をしたことであることが起きた、と回想して話す時や、前節の行為の結果として後節の事実を発見した、と話す時に使います。後者の場合は「-(으)니까」も使えます。

그 가게에서 우유를 샀더니(사니까) 한 병 더 줬어요.

(その店で牛乳を買ったらもう一本くれました。)

백화점에 갔더니 (가니까) 사람이 많았어요.

(デパートに行ったら人がたくさんいました。)

> -(으)면は、「これからあることをすれば」という意味です。
> ・어제 집에 갔더니 오후 7시였어요. (昨日家に着いたら午後7時でした。)
> ・집에 가면 오후7시예요. (家に帰ると午後7時です。)
> ・너무 말을 많이 했더니 목이 아파요. (しゃべりすぎて喉が痛いです。)
> ・너무 말을 많이 하면 목이 아파요. (話しすぎると喉が痛くなります。)

2. -던 ～だった、～していた

　過去の出来事や経験を回想して言う時に使います。連体形語尾なので、名詞の前で使います。

옛날에 자주 가던 곳이에요. (昔よく行っていた場所です。)

재미있게 보던 드라마였어요. (面白く見ていたドラマでした。)

> 過去に始まったが、まだ終わっていないことにも使います。
> ・좀 전에 제가 듣고 있던 음악 끄셨어요?
> (少し前に私が聞いていた音楽を消しましたか。)
>
> 過去に一度だけ起こったことには使えません。
> ・제가 결혼하던 곳이에요. ➡ ・제가 결혼한 곳이에요.
>
> p.30の「-ㄴ데」が合わさった「-던데 ～だったけど、
> ～していたけど」の表現も確認してみましょう。

1. 1) 약을 먹었더니 다 나았어요. (薬を飲んだらすっかり治りました。)

1) 약을 먹었다　　　　・　　　　・그 상품이 더 싸다

2) 푹 자다　　　　　　・　　　　・다 낫다

3) 비교해 보다　　　　・　　　　・일이 잘 풀리다

4) 열심히 공부하다　　・　　　　・성적이 오르다

5) 그 사람 말을 듣다　・　　　　・상쾌해지다

(2) _____

(3) _____

(4) _____

(5) _____

※「말을 듣다」について
①話を聞く
②言う通りにする

2. A : 가방 새로 샀어요?　B : 아뇨, (동생이 쓰다 / 거다) 동생이 쓰던 거예요.
(新しいかばんを買いましたか。)　(いいえ、弟が使っていたものです。)

1) A : 저 사람이 누구예요?　　　B : (옆집에 살다 / 사람이다)

　→ _____

2) A : 뭐 찾으세요?　　　B : (제가 읽다／책 못 보다)

　→ _____ ?

3) A : 이 곳이에요?　　　B : 네, 여기가 (제가 다니다／초등학교다)

　→ _____

文型と表現学習

1. −아／어지다　〜になる、〜くなる

　形容詞の語幹に「-아／어지다」が付き、時間が経過していくことによってある状態に変化することを表します。動詞に付く時は受け身を表します。

4월이 되면 따뜻해져요.

날마다 운동을 하니까 건강해졌어요.

잠이 쏟아져서 공부를 할 수가 없네요.

(67) 会話練習 ❶　会話例を参考に、与えられた表現を適切に活用させて会話してみましょう。
Aの質問に対して⬚の中にある語彙を使って返事をしましょう。

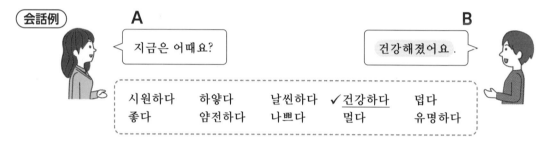

会話例

A 지금은 어때요?

B 건강해졌어요.

시원하다	하얗다	날씬하다	✓건강하다	덥다
좋다	얌전하다	나쁘다	멀다	유명하다

2. −게 되다　〜になる、〜くなる

　動詞の語幹に「-게 되다」が付き、ある状態から他の状態へ変化することを表します。

계속하다 보니까 요리를 잘하게 되었어요.

그 아이돌을 좋아하게 됐어요.

3. 「ㅅ」変則

　語幹末にパッチムが「ㅅ」で終わる一部の動詞と形容詞は、後ろに母音で始まる語尾が来ると、「ㅅ」が脱落します。なお、벗다 (脱ぐ)、웃다 (笑う)、씻다 (洗う) は正則活用。

(68) 会話練習 ❷　会話例を参考に、与えられた表現を適切に活用させて会話してみましょう。

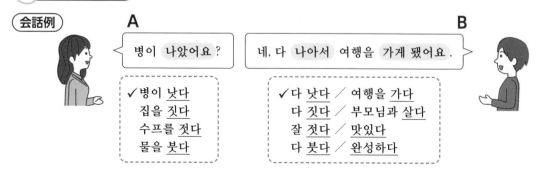

会話例

A 병이 나았어요?

B 네, 다 나아서 여행을 가게 됐어요.

✓병이 낫다
집을 짓다
수프를 젓다
물을 붓다

✓다 낫다 / 여행을 가다
다 짓다 / 부모님과 살다
잘 젓다 / 맛있다
다 붓다 / 완성하다

✏️🎧 書き取り 69

音声をよく聞いて、下線を埋めましょう。

① 목걸이를 _____ 아주 좋아했대요.

② 날씨가 _____ 따뜻하게 입고 나가세요.

③ 아직 저녁 5시인데 벌써 _____ .

④ 매달 _____ 됐어요.

👂🎧 聞き取り 70 71

次の二つの会話をよく聞いてみましょう。会話の後、内容を確認する質問をしますので、質問に対する返事を書いてください。「맞아요」・「틀려요」を選ぶ問題は、説明が合っていれば「맞아요」に、間違っていれば「틀려요」に◯をつけてください。

1. 민수 씨가 약혼을 했다고 해요. 잘 들어 보세요.
   (ミンスさんが婚約したそうです。よく聞いてみましょう。)

   1) 민수 씨는 여친이 왜 좋아졌대요?

      _____

   2) 맞아요 ／ 틀려요

2. 두 사람이 스트레스 푸는 방법에 대해 이야기하고 있어요. 잘 들어 보세요.
   (二人はストレスを解消する方法について話しています。 よく聞いてみましょう。)

   1) 선영 씨는 스트레스를 어떻게 풀어요?

      _____

   2) 맞아요 ／ 틀려요

話してみよう ••

1. 学習した文型と表現を活用してみましょう。

① 스트레스 받았을 때 어떻게 하면 기분이 좋아져요?

　－ _____ .

② 왜 한국말을 배우게 됐어요?

　－ _____

2. 「お祝い」をテーマに、会話してみましょう。

○ 「다른 사람 집에 갈 때 어떤 선물을 가지고 가나요?」
○
○ ・・・・・・・・・・・・・・・・・・・・・・・・・・・・・・・・・
○
○
○

ことわざと慣用句

韓国では会話でよくことわざと慣用句を使います。覚えて使ってみましょう！

【속담 ことわざ】同じ意味のものをつなげてみましょう。
1. 금강산도 식후경（金剛山も食べたあとで）　・　　　　　・石の上にも三年
2. 둘이 먹다가 하나가 죽어도 모른다.　　　　　　　　　・花より団子
　（二人で食べて一人が死んでも気づかない）　　　　・灯台下暗し
3. 그림의 떡（絵の餅）　　　　　　　　　　　　・　　・ほっぺたが落ちそう
4. 등잔 밑이 어둡다（灯下が暗い）　　　　　　　・　　・壁に耳あり障子に目あり
5. 한 우물을 판다（一つの井戸を掘る）　　　　　・　　・飼い犬に手をかまれる
6. 믿는 도끼에 제 발등 찍힌다（信じた斧に足の甲を切られる）・　・高嶺の花
7. 낮말은 새가 듣고 밤말은 쥐가 듣는다　　　　・
　（昼の言葉は鳥が聞き、夜の言葉はネズミが聞く）

【관용구 慣用句】
1. 귀가 간지럽다／가렵다（耳がくすぐったい・かゆい）：誰かが噂されているようだ
2. 입이 심심하다（口が退屈だ）：口寂しい
　＊お腹が空いているわけではないが、何かちょっと食べたい、というときに使います。
3. 손이 크다（手が大きい）：食事を沢山用意する・気前がいい
4. 발이 넓다（足が広い）：顔が広い
5. 국수를 먹다（麺を食べる）：結婚する
　언제 국수 먹여 줄 거예요? いつ結婚式に招待してくれるんですか。
6. 김칫국을 마시다（キムチスープを飲む）：事が起こる前に、期待して先走ってしまうこと
7. 미역국을 먹다（わかめスープを飲む）：試験に落ちる

「捕らぬ狸の皮算用」

맛집으로 유명하다고 해요.

ミサさんはおいしいものを食べに行くのが趣味です。味に関わる語彙を覚えましょう。

ウォーミングアップ (72)

시다	맵다	달다	고소하다	매콤하다
심심하다	담백하다	짜다	짭짤하다	싱겁다

会話 ⑪ (73)

현우 : 오늘 가는 가게는 인터넷에서 맛집으로 소개된 곳이에요.

미사 : 우와! 너무 기대돼요. 항상 사람들이 줄 서 있다면서요?
예약해 주셔서 고마워요.

현우 : 치맥으로 유명한 곳인데 특히 양념치킨 맛이 일품이래요.

미사 : 저 치킨 엄청 좋아하는데. 근데 위치가 어디예요?

현우 : 홍대 앞에 먹자골목 있잖아요. 거기에 있어요.

미사 : 그 골목 좋아해요. 지난 번에 간 집도 맛집으로 유명하다고
해요.

현우 : 가 볼 곳이 많네요. ㅎㅎ

語彙

- ☐ 기대되다 (楽しみだ)
- ☐ 줄 서다 (並ぶ)
- ☐ 치맥 (チキンとビール)
- ☐ 특히 (特に)
- ☐ 일품이다 (逸品だ)
- ☐ 엄청 (ものすごく)
- ☐ 위치 (位置)
- ☐ 먹자골목 (飲食店街)

引用の表現

1. -ㄴ／는다고 하다　～だという、～だそうだ

聞いた話や情報を相手に伝える表現で、文の形態や品詞、時制によって形が変わります。

過去を表す文では、動詞や形容詞、存在詞に続く場合は「-았／었다고 하다」、指定詞に続く場合は「-이었／였다고 하다」、未来を表す文では「-겠다고 하다」になります。

なお、「-고 하다」の部分については、内容によって、「-고」の後に、「말하다（言う）、묻다（問う）、전하다（伝える）、듣다（聴く）」などが続くこともあります。

	現在平叙文（短縮形）	現在疑問文	現在命令文	現在勧誘文
動詞	-ㄴ／는다고하다 (-ㄴ／는대)	-(느)냐고 하다	-(으)라고 하다	-자고 하다
形容詞	-다고 하다 (～대)	-(으)냐고 하다		
存在詞		-냐고 하다		
指定詞	-라고 하다 (～래)	-(이)냐고 하다		

평일에는 사람이 별로 많지 않다고 해요. (平日は人があまり多くないようです。)

장미의 꽃말은 열렬한 사랑이라고 해요. (バラの花言葉は、熱烈な愛、だといいます。)

건강이 나빠져서 담배를 끊겠다고 해요. (健康がを害してたばこをやめるといいます。)

2. -다면서요?　～だそうですね

この表現は以前に聞いた内容やすでに知っている内容を相手に確認する時に使います。

	現在	過去	未来
動詞	-ㄴ／는다면서요?	-았／었다면서요?	-(으)ㄹ 거라면서요?
形容詞／存在詞	-다면서요?		
指定詞	-라면서요?	-었／였다면서요?	

오늘 한국에 간다면서요? 조심히 잘 다녀오세요.
(今日韓国に行くそうですね。気をつけて行ってきてください。)

남자 친구랑 헤어졌다면서요? (彼氏と別れたそうですね。)

1. A : 수진 씨가 뭐라고 해요?　　　B : 바빠서 가기 힘들다고 해요.
(スジンさんは何と言っていますか。)　　(忙しくて行くのが難しいと言っています。)

미진 ・　　　　　　　　　　　　　　　　・ 바쁘다／가기 힘들다
남수 ・　　　　　　　　　　　　　　　　・ 전에 가수이다
수진 ・　　　　　　　　　　　　　　　　・ 바람이 불다／춥다
뉴스 ・　　　　　　　　　　　　　　　　・ 너무 어렵다／ 풀 수 없다
회사 ・　　　　　　　　　　　　　　　　・ 결론이 안 나다／내일 말하다

1) A : 미진 씨가 뭐라고 해요?　　B : _____

2) A : 남수 씨가 뭐라고 해요?　　B : _____

3) A : 뉴스에서 뭐라고 해요?　　B : _____

4) A : 회사에서 뭐라고 해요?　　B : _____

2. 한국／연인 사이에 이벤트를 많이 하다 ／ (그렇다)

➡ A : 한국에서는 연인 사이에 이벤트를 많이 한다면서요?
(韓国では恋人同士でイベントをよくするそうですね。)

B : 네, 그렇다고 하네요 ／ 네, 그렇대요.
(はい、そうだと言っていました。)

1) 다음 주 수업／ 단어 시험을 보다. ／(보다)

　→ A : _____ ?

　　B : 네, _____

2) 웹툰 ／ 인기이다 ／(구독자가 많다)

　→ A : _____ ?

　　B : 네, _____

3) 오늘 동아리 모임 ／ 있다 ／ (다음 주)

　→ A : _____ ?

　　B : 아뇨, _____

文型と表現学習

1. -지 말다　〜しない

ある行為の禁止を示す表現です。命令文「-지 마」（〜するな）、「-지 말아요」（〜しないで）、「-지 마세요」「〜しないで下さい」や勧誘文「-지 말자」（〜しないことにしよう）、「-지 맙시다」（〜しないことにしましょう）の形で使われます。

A：사진 찍으면 안 돼요?　B：네, 찍지 마세요.

오늘은 자지 말고 공부하자.

바람이 많이 부니까 오늘은 나가지 맙시다.

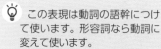

> 💡 この表現は動詞の語幹につけて使います。形容詞なら動詞に変えて使います。
> （例）기분 나쁘지 마세요.
> ➡ 기분 나빠하지 마세요. (○)

(74) 会話練習 ❶　会話例を参考に、与えられた表現を適切に活用させて会話してみましょう。

会話例

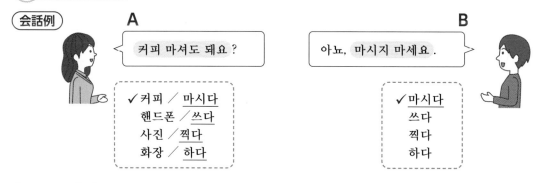

A
커피 마셔도 돼요?

B
아뇨, 마시지 마세요.

✓커피 / 마시다
핸드폰 / 쓰다
사진 / 찍다
화장 / 하다

✓마시다
쓰다
찍다
하다

2. -고 말다　〜してしまう

意図しなかった、または予期せぬ結果が生じてしまったことを示します。似ている表現に、「-아／어 버리다」（〜してしまう）があります。意図の有無を離れ、より広く「〜してしまう」時に使います。「-아／어 버리고 말다」という表現もありますが、こちらは残念な感じを特に強調したい場合に使います。また、「-고 말겠다」は、事を成し遂げようとする強い意志の表現になります。

A：어떻게 됐어요?　　B：열심히 연습했는데 지고 말았어요.

A：이번에는 꼭 합격하고 말겠어요.　　B：네, 꼭 잘 볼 거예요.

(75) 会話練習 ❷　会話例を参考に、与えられた表現を適切に活用させて会話してみましょう。

会話例

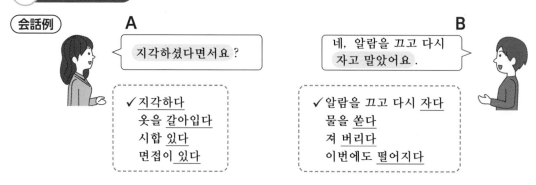

A
지각하셨다면서요?

B
네, 알람을 끄고 다시 자고 말았어요.

✓지각하다
옷을 갈아입다
시합 있다
면접이 있다

✓알람을 끄고 다시 자다
물을 쏟다
져 버리다
이번에도 떨어지다

音声をよく聞いて、下線を埋めましょう。

① 오늘은 가게가 _____ 해요.

② 우리 팀이 _____ ?

③ 오늘은 일찍 _____ .

④ 너무 바람이 세서 우산이 _____ .

👂🎧 **聞き取り** (77) (78) ▨▨▨▨▨▨▨▨▨▨▨▨▨▨▨▨▨▨▨▨

　次の二つの会話をよく聞いてみましょう。会話の後、内容を確認する質問をしますので、質問に対する返事を書いてください。「맞아요」・「틀려요」を選ぶ問題は、説明が合っていれば「맞아요」に、間違っていれば「틀려요」に○をつけてください。

1. 민수 씨가 오늘 저녁 약속에 대해 말하고 있어요. 잘 들어 보세요.
　　(ミンスさんが夕食の約束について話しています。よく聞いてみましょう。)

　　　　　　　　1) 민수 씨 약속은 왜 취소됐어요?

　　　　　　　　　_____

　　　　　　　　2) 맞아요 ／ 틀려요

2. 두 사람은 맛집에 대해서 이야기하고 있습니다. 잘 들어 보세요.
　　(二人は美味しい店について話しています。よく聞いてみましょう。)

　　　　　　　　1) 남자는 왜 그 맛집에 안 간대요?

　　　　　　　　　_____

　　　　　　　　2) 맞아요 ／ 틀려요

話してみよう

1. 学習した文型と表現を活用してみましょう。

① 안 좋은 일이 있어요?

－_____ 고 말았어요.

② 요즘 재미있는 한국 드라마는 뭐래요?

－_____ (이) 래요.

③ 뭘 주의하면 될까요?

－_____ 지 마세요.

2. 「美味しいお店」をテーマに、会話してみましょう。

○ 「맛집을 소개해 주세요. 사진이 있으면 보여 주세요.」
○
○ ……………………………
○
○
○
○
○
○
○
○

音の変化 ―ㄴ添加―

パッチムの後に「이,야,여,요,유」が続くと、「ㄴ」を追加して発音することを言います。

한여름 [한녀름] ／ 눈약 [눈냑]

「이,야,여,요,유」の前に「ㄹ」パッチムがある時はㄴ添加と同時に流音化が起きます。

서울역 [서울녁→서울력]

またㄴ添加と鼻音化が起きる時もあります。

부엌일 [부엉닐] ／ 꽃잎 [꽃닙→꼰닙] ／ 깻잎 [깬닙]

独立した二つの言葉で同じ音韻現象が起こる時があります。

할 일 [할 닐→할 릴] ／ 옷 입다 [온 닙따] ／ 못 잊어 [몬 니저]

제 12과 짐 싸느라고 정신이 없어.

ミサさんが日本に帰国します。色々な気持ちを表す語彙を覚えましょう。

ウォーミングアップ (79)

서운하다	신나다	뿌듯하다	실망하다	설레다
보람을 느끼다	떨리다	두근거리다	부끄럽다	자신감이 생기다

会話 ⑫ (80)

현우 : 곧 귀국이지? 출발은 언제야?

미사 : 이번 주 토요일이야. 짐 싸느라고 너무 정신이 없어.

현우 : 시간이 정말 빨라. 너무 섭섭하다. 또 한국에 올 거지?

미사 : 물론이지. 현우 너도 꼭 일본에 놀러 와.
　　　 내가 가이드할 게.

현우 : 일본은 봄에 벚꽃이 예쁘다고 하던데 꼭 가 보고 싶어.
　　　 그 땐 잘 부탁해.

미사 : 나한테 맡겨. 일본 맛집 투어하자.

현우 : 아무튼 몸 조심하고 일본 가서도 꼭 연락해.

語彙

- ☐ 귀국하다 (帰国する)
- ☐ 출발 (出発)
- ☐ 짐 싸다 (荷造りする)
- ☐ 정신없다 (大変だ、気が気ではない)
- ☐ 섭섭하다 (残念だ)
- ☐ 맡기다 (任せる)
- ☐ 아무튼 (とにかく)
- ☐ 몸 조심하다 (体に気をつける)
- ☐ 꼭 (必ず)

パンマルと引用の表現

1. 반말　パンマル（해체）

　パンマルは、親しい友達や目下の人に使う表現です。丁寧な表現ではないので、自分より年下でも親しくない場合は使うと失礼になります。基本的に「해요체」から「-요」を取って使いますが、指定詞の場合は異なる形になります。名前を呼ぶ際には、名前が母音で終わる場合は「야」、パッチムで終わる場合は「아」を付けて呼びます。禁止の場合は「-지 마」になります。

	基本型	해요体現在	해体現在	해요体過去	해体過去
動詞	보다	봐요	봐	봤어요	봤어
形容詞	좋다	좋아요	좋아	좋았어요	좋았어
存在詞	있다／없다	있어요／없어요	있어／없어	있었어요／없었어요	있었어／없었어
指定詞	이다 아니다	이에요／예요 아니에요	이야／야 아니야	이었어요／였어요 아니었어요	이었어／였어 아니었어

A : 지금 몇 시야?　B : 1시 10분이야. (A：今何時？ B：1時10分だよ。)

주로 어떤 음악을 많이 들어? (主にどんな音楽をよく聞くの。)

지원아, 내일은 늦지 마. (チウォン、明日は遅れないで。)

2. -다고 하던데(-다던데)　〜するそうだけど、したそうだけど

　この表現は引用文の「-다고 하다」に、回想を表す「-던데」が付いた表現です。他の人から以前聞いた話や情報を回想し、確認する時に使います。

	現在（短縮形）	過去（短縮形）
動詞	-ㄴ／는다고 하던데 （ㄴ／는다던데）	-았／었다고 하던데 （-았／었다던데）
形容詞 存在詞	-다고 하던데 （다던데）	
指定詞	-라고 하던데 （라던데）	-었다고 하던데 （었다던데） -였다고 하던데 （였다던데）

두유가 몸에 좋다고 하던데 (좋다던데) 한 번 드셔 보세요.
（豆乳が体にいいそうだけど、一度召し上がってみてください。）

작년에 비가 많이 왔다고 하던데 (왔다던데) 올해도 그럴까요?
（去年は大雨だったそうですが、今年もそうでしょうか。）

오늘 시험이라던데 잘 봤는지 모르겠네요.
（今日試験だそうですが、よくできたか分かりませんね。）

1. 수진 씨 내일 뭐 해요? ➡ A : 수진아, 내일 뭐 해? (スジン、明日何するの。)

   리포트 내러 학교에 가요. ➡ B : 리포트 내러 학교에 가. (レポートを出しに学校に行く。)

   1) 민수 씨 시험 어땠어요?   → A : _____

      공부를 해서 그런지 좀 괜찮았어요.   → B : _____

   2) 무슨 걱정 있어요?   → A : _____

      아무리 노력해도 성적이 안 올라요.   → B : _____

   3) 어떤 집에서 살고 싶어요?   → A : _____

      마당이 넓은 곳에서 살았으면 좋겠어요. → B : _____

2. A : 여행은 어디로 갈까요?   B : (미진) 제주도 경치가 아름다워요.
   (旅行はどこへ行きましょうか。)   ((ミジン) 済州島の景色が美しいです。)

   ➡ 미진 씨가 제주도 경치가 아름답다고 하던데 거기로 갈까?
   (ミジンさんが済州島の景色が美しいと言っていたけど、そこに行こうか。)

   1) A : 토픽 언제 봐?

      B : (소민) 내년 4월에 시험이 있어요.

      → 소민 씨가 _____?

   2) A : 어디서 먹을까?
      B : (지민) 학교 앞에 새로 가게가 생겼는데 찌개가 맛있어요.

      → 지민 씨가 _____

   3) A : 내일 등산 갈까?
      B : (일기예보) 내일은 관서 지방에 눈이 내리겠습니다.

      → 일기 예보에서 _____

제 12 과

📖 文型と表現学習

1. -(으)ㄹ 걸 그랬다　〜すればよかった

　過去にある行動をしたことやしなかったことに対して、後悔や残念な気持ちを表現する時に使います。何かをしなかったことを後悔する時は、「-(으)ㄹ 걸 그랬다」を使い、逆に、ある行動をしたことを後悔する時は、「-지 말 걸 그랬다」あるいは「안 -(으)ㄹ 걸 그랬다」を使います。

국이 너무 짜요. 소금을 조금만 넣을 걸 그랬어요.

연말이라 너무 바쁘네. 약속을 안 할 걸 그랬어.

생활비가 모자라. 좀 아껴 쓸 걸 그랬어.

⑧¹ 会話練習 ❶　会話例を参考に、与えられた表現を適切に活用させて会話してみましょう。

(会話例)

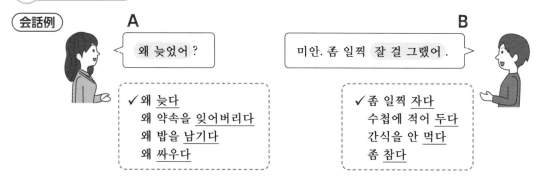

A：왜 늦었어?

B：미안. 좀 일찍 잘 걸 그랬어.

- ✓ 왜 늦다
- 왜 약속을 잊어버리다
- 왜 밥을 남기다
- 왜 싸우다

- ✓ 좀 일찍 자다
- 수첩에 적어 두다
- 간식을 안 먹다
- 좀 참다

2. -았/었어야 했는데　〜しなければならなかったのに

　しなければいけなかった行動やある状態にならないといけないことがそうならなかった時に、それを後悔したり残念に思ったりする時に使います。

미리미리 준비를 했어야 했는데 죄송합니다.

난방을 켜 놨어야 했는데 너무 춥네.

주문을 해 놨어야 하는데 벌써 다 팔렸네요.

⑧² 会話練習 ❷　会話例を参考に、与えられた表現を適切に活用させて会話してみましょう。

(会話例)

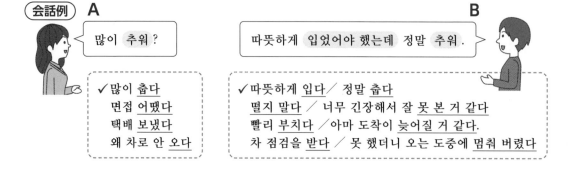

A：많이 추워?

B：따뜻하게 입었어야 했는데 정말 추워.

- ✓ 많이 춥다
- 면접 어땠다
- 택배 보냈다
- 왜 차로 안 오다

- ✓ 따뜻하게 입다 / 정말 춥다
- 떨지 말다 / 너무 긴장해서 잘 못 본 거 같다
- 빨리 부치다 / 아마 도착이 늦어질 거 같다.
- 차 점검을 받다 / 못 했더니 오는 도중에 멈춰 버렸다

音声をよく聞いて、下線を埋めましょう。

① 미안해. 내가 잘못했으니까 _____.

② 독립해서 혼자 _____.

③ 이렇게 힘들 줄 알았으면 _____.

④ 너 _____ 결국 헤어지고 말았어.

👂 **聞き取り** (84) (85)

　次の二つの会話をよく聞いてみましょう。会話の後、内容を確認する質問をしますので、質問に対する返事を書いてください。「맞아요」・「틀려요」を選ぶ問題は、説明が合っていれば「맞아요」に、間違っていれば「틀려요」に〇をつけてください。

1. 민수 씨가 고민에 대해서 이야기하고 있어요. 잘 들어 보세요.
（ミンスさんが悩みについて話します。 よく聞いてみましょう。）

1) 민수 씨는 뭘 고민하고 있어요?
_____

2) 맞아요 ／ 틀려요

2. 두 사람은 내일 약속에 대해 이야기하고 있습니다. 잘 들어 보세요.
（二人は明日の約束について話しています。 よく聞いてみましょう。）

1) 두 사람은 무슨 약속을 했어요?
_____

2) 맞아요 ／ 틀려요

제
12
과

🗣 話してみよう ••••••••••••••••••••••••••••••••••••

1. 学習した文型と表現を活用してみましょう。

① 요즘 후회되는 게 있어?

　– ＿＿＿＿＿＿＿＿＿＿＿＿＿＿＿＿＿＿＿ 걸 그랬어.

② 인생 최악의 실수는 뭐야?

　– ＿＿＿＿＿＿＿＿＿＿＿ 어야 했는데 ＿＿＿＿＿＿＿＿＿＿＿.

2. 「自己紹介」をテーマに、会話してみましょう。

○ 「친구에게 반말로 자기 소개를 해 보세요.」
○
○ ································
○
○
○
○
○
○
○
○
○

☝ 四字熟語 〈사자성어〉

韓国では会話でよく四字熟語を使います。覚えて使ってみましょう！

1. 남녀노소 （男女老少）　　1. 老若男女
2. 적반하장 （賊反荷杖）　　2. 盗人猛々しい　　※적반하장도 유분수지.
　　　　　　　　　　　　　　　　　　　　　　　　（盗人猛々しいにもほどがある。）
3. 비일비재 （非一非再）　　3. 一度や二度でないこと
4. 오매불망 （寤寐不忘）　　4. 寝ても覚めても忘れないこと　※오매불망 학수고대하며 기다렸다.
　　　　　　　　　　　　　　　　　　　　　　　　（待ちわびていた。）
5. 죽마고우 （竹馬故友）　　5. 竹馬の友
6. 함흥차사 （咸興差使）　　6. 行ったまま戻ってこない　※5G 중간 요금제 여전히 함흥차사
　　　　　　　　　　　　　　　　　　　　　　　　（5G中間料金制、依然として実行出来ず）
7. 학수고대 （鶴首苦待）　　7. 首を長くして待つ
8. 자초지종 （自初至終）　　8. 一部始終　　※자초지종을 들어 보니 이해가 됐다.
　　　　　　　　　　　　　　　　　　　　　　　　（一部始終を聞いてみると理解できた。）
9. 방방곡곡 （坊坊曲曲）　　9. 津々浦々

📖 単語集 ✏

ㄱ	
가게	店
가끔	たまに
가능하다	可能だ
가다	行く
가르치다	教える
가방	カバン
가수	歌手
가져오다	持ってくる
가져가다	持っていく
가지다	持つ(所有する)
각-	各〜
각자	各自
간단하다	簡単だ
갈아입다	着替える
갈아타다	乗り換える
감기	風邪
값	値段
같이	一緒に
개	①-個 ②犬
거기	そこ
거의	ほとんど
걱정	心配
걷다	歩く
걸리다	かかる
검색하다	検索する
것	もの、こと
게다가	それに、そのうえに
게스트하우스	ゲストハウス
게으르다	怠けている
겨울	冬
결론	結論
결심	決心
결혼	結婚
결혼식	結婚式

결혼하다	結婚する
겸손하다	謙遜である
경치	景色
경험	経験
계속	継続
계시다	いらっしゃる
계절	季節
계획	計画
고기	肉
고등학교	高等学校
고르다	選ぶ
고맙다	ありがたい
고민	悩み
고소하다	香ばしい
곧	すぐに
곱다	綺麗だ
곳	所
공부	勉強
공부하다	勉強する
공항	空港
과목	科目
과제	課題
과팅	学科間の合コン
관광지	観光地
관람	観覧
관서	関西(地名)
괜찮다	大丈夫だ
교과서	教科書
교류	交流
교수님	教授
-교시	〜限、〜講時
교실	教室
구경하다	見てまわる
구독자	購読者
국	スープ

국내	国内
귀국하다	帰国する
귤	みかん
그	その
그것	それ
그게	それが
그냥	ただ、なんとなく
그동안	その間
그래도	それでも
그런데	ところが
그럼	それでは
그렇게	そのように
그렇다	そうだ
그룹	グループ
그릇	食器
그만	それくらいに(して)
그만두다	辞める、止める
그치다	止む
근데	→그런데
금방	もうすぐ
금요일	金曜日
기간	期間
기다리다	待つ
기대되다	楽しみだ
기르다	①伸ばす ②飼う
기말	期末
기모노	着物
기타	ギター
긴장되다	緊張する
길	道
길다	長い
ㄲ	
까맣다	黒い
-까지	〜まで

깎다	削る、むく
깜짝 이벤트	サプライズ
깨우다	(眠りから)起こす
-께	～に(尊敬)
-께서	～が(尊敬)
-께서는	～は(尊敬)
꼭	必ず、きっと
꼼꼼하다	(性格が)きめ細かい
꽃꽂이	生け花
꽃말	花言葉
꽤	かなり
끄다	消す
끊다	切る、止める
끝내다	終える

ㄴ	
나	私、僕
나가다	出ていく
나다	出る
나오다	出てくる
나이	歳
낙천적이다	楽天的だ
난방	暖房
날마다	毎日
날씨	天気
날씬하다	(体形が)スリムだ
날아가다	飛んでいく
남자	男子
남자 친구	彼氏
낫다	治る、ましだ
내	私の、僕の
내년	来年
내다	出す
내리다	降りる、降ろす
내성적이다	内向的だ

내용	内容
내일	明日
너무	あまりにも
넣다	入れる
네	はい
네일 아트	ネイルアート
넷 (네)	四つ
-년간	～年間
년생	～年生まれ
노래	歌
노래방	カラオケ
노력하다	努力する
놀다	遊ぶ
누구	誰
누구나	誰でも
눈	目、雪
눈물	涙
눕다	横になる
뉴스	ニュース
느끼다	感じる
늘	いつも、常に
늘다	増える、伸びる
능력	能力
늦게	遅く
늦다	遅い、遅れる

ㄷ	
다	みんな、全部
다니다	通う
다르다	異なる、違う
다른-	異なる～、違う～
다시	再び
다음	次
다음 주	次週、来週
다행이다	幸いだ

단기	短期
단어	単語
단점	短所
달다	甘い
닭	鶏
담그다	浸ける、漬ける
담백하다	淡泊だ
답안지	答案(用紙)
대학교	大学
대학생	大学生
댄스	ダンス
더	もっと
덤벙대다	大雑把だ
덥다	暑い
-데	～所
데리다	連れる
데모	デモ
도서관	図書館
도시락	お弁当
도착	到着
독립하다	独立する
독서	読書
돈	お金
돌아가다	帰る
돌아가시다	亡くなられる
돌아보다	見まわる
돌잔치	一歳の誕生パーティー
돕다	助ける、手伝う
동기	同期
동생	下の兄弟
동아리	サークル
동영상	動画
동창회	同窓会
돼지	豚
되다	なる、できる

두(둘)	二つ		리무진 버스	リムジンバス	며칠	何日
두근거리다	ドキドキする		리포트	レポート	면	麺
두다	置く				면접	面接
두유	豆乳		**ㅁ**		면허	免許
드라마	ドラマ		마당	庭	몇-	何(幾つ)～
드리다	差し上げる		마시다	飲む	몇 시	何時
드시다	召し上がる		막걸리	マッコリ	모델	モデル
듣기	聞き取り		만나다	会う	모르다	知らない
듣다	聴く		만들다	作る	모시다	お連れする
들다	①入る ②かかる		만으로	満で(～歳)	모으다	集める
들리다	聞こえる		많다	多い	모임	集まり
들어가다	入っていく		많이	沢山	모자	帽子
들어오다	入ってくる		맏이	長子	목걸이	ネックレス
등산	登山		말	①言葉 ②馬	몸	身体
디자인	デザイン		말씀	お言葉	못하다	できない、下手だ
			말씀하시다	おっしゃる	무겁다	重い
ㄸ			말하기	話すこと	무섭다	怖い
따다	(もぎ)取る		말하다	話す、言う	무슨	何の
따뜻하다	暖かい		맛있다	美味しい	무엇	何
때	時		맛집	グルメ店	문제	問題
때문에	せいで、ために		맛집 투어	グルメツアー	문화	文化
떠들다	騒ぐ		맞다	合う、正しい	묻다	尋ねる、訊く
떡	お餅		맡기다	任せる	물	水
떨다	震える		매달	毎月	물론	もちろん
떨리다	緊張する		매일	毎日	물어보다	訊いてみる
떨어지다	落ちる		매콤하다	ピリッと辛い	뭐	→무엇
뜨개질	編み物		맥주	ビール	뭐든(지)	何でも
뜻	意味		맵다	辛い	미끄럽다	滑りやすい
띠	干支		먹다	食べる	미리	前もって
			먹자골목	飲食店街	미리 미리	→미리
ㄹ			먼저	先に	미팅	合コン
라면	ラーメン		멈추다	停まる	밀리다	混む、山積みだ
레시피	レシピ		멋있다	格好いい		
렌터카	レンタカー		메다	(カバンを)掛ける	**ㅂ**	
리더	リーダー		메일	メール	바다	海

75

바람	風邪	보다	見る
바로	直ちに、正しく	보라색	紫色
바쁘다	忙しい	보람	甲斐
박	瓢箪	보통	普通
밖	外	복도	廊下
반대편	反対側	복습	復習
반드시	必ず	봉사	奉仕
반말	ため口	뵈다	うかがう
반하다	惚れる	뵙다	うかがう
받다	受ける、もらう	부끄럽다	恥ずかしい
발권	発券	부르다	呼ぶ、歌う
발음	発音	부모님	両親、父母
발표	発表	부산	釜山(地名)
밤	夜	부치다	(郵便などで)送る
밥	ご飯	부탁	お願い
방	部屋	부탁하다	お願いする
방법	方法	분	方(人)
방학	(学校の長期)休み	분명히	明らかに
배낭	リュックサック	분실물	紛失物
배낭 여행	バックパック旅行	불편하다	不便だ
배우	俳優	불합격	不合格
배우다	学ぶ、習う	붓다	①注ぐ ②腫れる
백화점	デパート	비	雨
밴드	バンド	비교하다	比べる
뱀	蛇	비다	空く
버스	バス	비밀	秘密
-번	~回、~番	비수기	オフシーズン
벌다	稼ぐ	비싸다	(値段が)高い
벌써	もう、すでに	비용	費用
벗다	脱ぐ	비자	ビザ
벚꽃	桜	비행기	飛行機
변화	変化	빈칸	空欄
별-	特別な~	빌려주다	貸す
별로	別に	빌리다	借りる
병	病		

ㅃ	
빠르다	速い
빠지다	抜ける
빨간색	赤色
빨갛다	赤い
빨리	速く
빵	パン
뿌듯하다	誇らしい

ㅅ	
사과하다	謝る
사교적이다	社交的だ
사귀다	付き合う
사다	買う
사람	人
사랑	愛
사이	間
사전	辞書
사진	写真
-살	~才
살다	住む、暮らす
상냥하다	優しい
상대방	相手
상쾌하다	爽快だ、爽やかだ
상품	商品
새로	新しく
색	色
생각	考え、思い
생각하다	考える
생기다	生じる、できる
생신	お誕生日
생일	誕生日
생파	→생일 파티
생활비	生活費
생활한복	(現代式の)韓服

서다	立つ、止まる	수강	受講	심사	審査
서로	互いに	수강생	受講生	심심하다	退屈だ
서운하다	寂しい	수상	受賞	싱겁다	味が薄い
선물	プレゼント	수업	授業		
선배	先輩	수요일	水曜日		

<table>
<tr><td>서다</td><td>立つ、止まる</td><td>수강</td><td>受講</td><td>심사</td><td>審査</td></tr>
<tr><td>서로</td><td>互いに</td><td>수강생</td><td>受講生</td><td>심심하다</td><td>退屈だ</td></tr>
<tr><td>서운하다</td><td>寂しい</td><td>수상</td><td>受賞</td><td>싱겁다</td><td>味が薄い</td></tr>
<tr><td>선물</td><td>プレゼント</td><td>수업</td><td>授業</td><td colspan="2"></td></tr>
<tr><td>선배</td><td>先輩</td><td>수요일</td><td>水曜日</td><td colspan="2" align="center">ㅆ</td></tr>
<tr><td>선생님</td><td>先生</td><td>수프</td><td>スープ</td><td>싸다</td><td>①安い ②包む</td></tr>
<tr><td>설레다</td><td>ときめく</td><td>숙박</td><td>宿泊</td><td>싸우다</td><td>喧嘩する</td></tr>
<tr><td>섭섭하다</td><td>寂しい</td><td>숙제</td><td>宿題</td><td>쏟다</td><td>こぼす</td></tr>
<tr><td>성격</td><td>性格</td><td>순두부찌개</td><td>おぼろ豆腐のチゲ</td><td>쏟아지다</td><td>こぼれる</td></tr>
<tr><td>성수기</td><td>オンシーズン</td><td>숟가락</td><td>スプーン</td><td>쓰다</td><td>①書く ②被る ③使う</td></tr>
<tr><td>성실하다</td><td>真面目だ</td><td>쉬다</td><td>休む</td><td>-씨</td><td>〜氏、〜さん</td></tr>
<tr><td>성적</td><td>成績</td><td>쉽다</td><td>易しい</td><td>씻다</td><td>洗う</td></tr>
<tr><td>성함</td><td>お名前</td><td>스마트폰</td><td>スマートフォン</td><td colspan="2"></td></tr>
<tr><td>세계</td><td>世界</td><td>스포츠</td><td>スポーツ</td><td colspan="2" align="center">ㅇ</td></tr>
<tr><td>세다</td><td>①数える ②強い</td><td>슬프다</td><td>悲しい</td><td>아까</td><td>さっき</td></tr>
<tr><td>세우다</td><td>立てる</td><td>승진</td><td>昇進</td><td>아끼다</td><td>大事にする</td></tr>
<tr><td>세일</td><td>セール</td><td>-시</td><td>〜時</td><td>아뇨</td><td>いいえ</td></tr>
<tr><td>세제</td><td>洗剤</td><td>시간</td><td>時間</td><td>아름답다</td><td>美しい</td></tr>
<tr><td>세탁소</td><td>クリーニング店</td><td>시다</td><td>酸っぱい</td><td>아마</td><td>多分</td></tr>
<tr><td>센터</td><td>センター</td><td>시원하다</td><td>涼しい</td><td>아무</td><td>誰それ、何の〜、どんな</td></tr>
<tr><td>셋 (세)</td><td>三つ</td><td>시작하다</td><td>始める</td><td>아무래도</td><td>どうしても、やはり</td></tr>
<tr><td>소</td><td>牛</td><td>시키다</td><td>させる、注文する</td><td>아무튼</td><td>とにかく</td></tr>
<tr><td>소개</td><td>紹介</td><td>시합</td><td>試合</td><td>아버지</td><td>お父さん</td></tr>
<tr><td>소개되다</td><td>紹介される</td><td>시험</td><td>試験</td><td>아시아</td><td>アジア</td></tr>
<tr><td>소극적이다</td><td>消極的だ</td><td>식사</td><td>食事</td><td>아이돌</td><td>アイドル</td></tr>
<tr><td>소금</td><td>塩</td><td>식사하다</td><td>食事する</td><td>아직</td><td>まだ</td></tr>
<tr><td>소리</td><td>声、音</td><td>신나다</td><td>楽しい</td><td>아침</td><td>朝、朝食</td></tr>
<tr><td>소리내다</td><td>音(声)を出す</td><td>신다</td><td>履く</td><td>아프다</td><td>痛い</td></tr>
<tr><td>소속</td><td>所属</td><td>신발</td><td>靴</td><td>안녕히</td><td>安寧に</td></tr>
<tr><td>소식</td><td>知らせ</td><td>신촌</td><td>新村(地名)</td><td>앉다</td><td>座る</td></tr>
<tr><td>손</td><td>手</td><td>싣다</td><td>載せる</td><td>알다</td><td>知る、分かる</td></tr>
<tr><td>손님</td><td>客</td><td>실력</td><td>実力</td><td>알람</td><td>アラーム</td></tr>
<tr><td>솔직하다</td><td>正直だ</td><td>실망하다</td><td>がっかりする</td><td>알맞다</td><td>適切だ</td></tr>
<tr><td>송편</td><td>ソンピョン(お盆の餅)</td><td>실수</td><td>ミス</td><td>알바</td><td>バイト</td></tr>
<tr><td>쇼핑하다</td><td>買い物する</td><td>실패</td><td>失敗</td><td>알아보다</td><td>調べる</td></tr>
</table>

앞	前	여럿이	みんなで	오래되다	久しい、古い
앱	アプリ	여름	夏	오랜만	久しぶり
야채	野菜	여쭈다	伺う、お尋ねする	오르다	登る
약	薬	여쭙다	伺う、お尋ねする	오빠	お兄さん
약혼	婚約	여친	彼女	오전	午前
얌전하다	おとなしい	여학생	女子学生	오후	午後
양	羊	여행	旅行	온라인	オンライン
양력	陽暦	여행사	旅行会社	올-	この~
어느	どの	역	駅	올해	今年
어느 것	どれ	연기	延期	옷	服
어디	どこ	연락	連絡	완성하다	完成する
어떤	どんな	연말	年末	왜	なぜ
어떻게	どのように	연세	お歳	외우다	覚える
어렵다	難しい	연수	研修	요리	料理
어머니	お母さん	연습	練習	요일	曜日
어서	急いで、どうぞ	연애	恋愛	용	龍
어울리다	似合う、相応しい	연인	恋人	용서하다	許す
어제	昨日	열다	開く、開ける	우리	私たち
어쩌면	もしかすると	열렬하다	熱烈だ	우산	傘
어쩜 그렇게	どうしてそんなに	열심히	一所懸命に	우유	牛乳
어학	語学	영어	英語	운동	運動
언니	お姉さん	영화	映画	운전	運転
언제	いつ	영화관	映画館	운전하다	運転する
언제나	いつも	옆집	お隣	울다	泣く
얼굴	顔	예매	前売り(券)を買うこと	웃다	笑う
얼마나	どれくらい	예쁘다	可愛い	워드	ワード(PCソフト)
엄마	お母さん、ママ	예산	予算	원래	元々
엄청	ものすごく	예습	予習	원숭이	猿
없다	ない、いない	예약	予約	웹툰	ウェブ漫画
-에 대해(서)	~について	예절	礼節	위치	位置
-에게	~(人)に	예정	予定	유자차	ゆず茶
엑셀	エクセル(PCソフト)	옛날	昔	유학	留学
엠티	学科の団体旅行	오늘	今日	유학생	留学生
여권	パスポート	오다	来る	유행하다	流行る
여기	ここ	오래	久しく、長く	은행	銀行

음력	旧暦	일어나다	起きる、起き上がる	장미	バラ
음식점	飲食店	일어서다	立つ、立ち上がる	장소	場所
음악	音楽	일정	日程	장점	長所
의미	意味	일주	一週	장학금	奨学金
의상	衣装	일찍	早く	재료	材料
의자	椅子	일품이다	絶品だ	재미없다	面白くない
이	①この ②二	읽다	読む	재미있다	面白い
이것	これ	임신	妊娠	저	①あの ②私
이것 저것	あれこれ	입	口	저것	あれ
- (이) 나	～や	입국	入国	저기	あそこ
이동	移動	입다	着る	저녁	夕方、夕食
이따가	後で	입술	唇	저렴하다	安価だ
이렇게	このように	입학	入学	저장	保存
이름	名前	있다	ある、いる	저희	わたくしども
이미	すでに			적극적이다	積極的だ
이번	今度の	**ㅈ**		적다	少ない
이번 주	今週	자격	資格	전	前
이벤트	イベント	자기소개	自己紹介	전공	専攻
이사가다	引っ越す	자꾸	しきりに	전에	前に、以前
이상형	理想のタイプ	자다	寝る	전철	電車
이야기	話	자료	資料	전통	伝統
이야기하다	話す	자리	席、場所	전화	電話
이유	理由	자매학교	姉妹校	전화하다	電話する
이제	もう、今	자상하다	やさしい、面倒見がいい	절대로	絶対に
2 (이) 차	2次会	자신	①自信 ②自身	점검	点検
이해	理解	자신감	自信	점심	お昼、昼食
이해하다	理解する	자전거	自転車	젓가락	箸
인기	人気	자주	しょっちゅう、よく	젓다	かき混ぜる
인도	インド	작년	昨年	정도	程度
인생	人生	잘	よく	정류장	停留所
인터넷	インターネット	잘하다	できる、上手だ	정말	本当に
일	①一 ②仕事 ③用事	잠	眠り	정신없다	せわしない
일기예보	天気予報	잠깐	しばらく	정하다	決める
일본	日本	잡수시다	召し上がる	제	私の
일본말	日本語	장단점	長所と短所	제일	一番

제주도	済州島(地名)	지내다	過ごす	촛불	ろうそく
조건	条件	지다	負ける	최근	最近
조금씩	少しずつ	지방	地方	최악	最悪
조심하다	気を付ける	지키다	守る	추다	(踊りを)踊る
조심히	気を付けて	직접	直接	추석	お盆
조용하다	静かだ	진지	お膳	추억	思い出
조용히	静かに	질문	質問	추천	推薦
졸다	居眠りする	짐	荷物	축구	サッカー
졸리다	眠い	짐 싸다	荷造りする	축제	祭り、フェス
졸업	卒業	집	家	축하	お祝い
좀	ちょっと	집들이	新居に招くこと	출국	出国
종류	種類	집콕	巣ごもり	출발	出発
좋다	良い	짓다	(ご飯を)炊く	출산	出産
좋아하다	好きだ、好む			춤	踊り
죄송하다	申し訳ない			춥다	寒い
-주	~週	**ㅉ**		취미	趣味
주다	あげる、くれる	짜다	塩辛い	취소되다	取り消される
주로	主に	짭짤하다	しょっぱい	취직	就職
주말	週末	찌개	チゲ	치다	①(ギターやピアノを)
주무시다	お休みになる	찍다	(写真を)撮る		ひく ②(球技を)する
주문	注文				③(試験を)受ける
주시다	くださる	**ㅊ**		치마	スカート
주위	周囲	차	①車 ②お茶	치맥	チキンとビール
주의하다	注意する	차분하다	落ち着いている	친구	友だち
죽다	死ぬ	차이	差異、差	친목	親睦
준비하다	準備する	참석하다	参加する	친절하다	親切だ
줄서다	(列に)並ぶ	창문	窓	친하다	親しい
중요하다	重要だ	찾다	探す、見つかる	침착하다	落ち着いている
중학교	中学校	찾아가다	訪ねていく		
쥐	ネズミ	책	本	**ㅋ**	
지각하다	遅刻する	처리	処理	카페	カフェ
지갑	財布	처음	はじめ(て)	캐리어	キャリーバッグ
지금	今	첫-	初~	커피	コーヒー
지난-	去る~	청소	掃除	컴퓨터	パソコン
지난 주	先週	체험	体験	케이팝	K-POP
		초등학교	小学校		